UTB **2976**

Eine Arbeitsgemeinschaft der Verlage

Böhlau Verlag · Köln · Weimar · Wien
Verlag Barbara Budrich · Opladen · Farmington Hills
facultas.wuv · Wien
Wilhelm Fink · München
A. Francke Verlag · Tübingen und Basel
Haupt Verlag · Bern · Stuttgart · Wien
Julius Klinkhardt Verlagsbuchhandlung · Bad Heilbrunn
Lucius & Lucius Verlagsgesellschaft · Stuttgart
Mohr Siebeck · Tübingen
C. F. Müller Verlag · Heidelberg
Orell Füssli Verlag · Zürich
Verlag Recht und Wirtschaft · Frankfurt am Main
Ernst Reinhardt Verlag · München · Basel
Ferdinand Schöningh · Paderborn · München · Wien · Zürich
Eugen Ulmer Verlag · Stuttgart
UVK Verlagsgesellschaft · Konstanz
Vandenhoeck & Ruprecht · Göttingen
vdf Hochschulverlag AG an der ETH Zürich

Tim-C. Bartsch / Bernd F. Rex

Rede im Studium

Eine Einführung

Wilhelm Fink

Die Autoren:

Tim-C. Bartsch (M.A.) hat in Oldenburg und Tübingen Allgemeine Rhetorik, Allgemeine Pädagogik und Politikwissenschaft studiert. Zurzeit promoviert er im Fach Politikwissenschaft über Europäische Hochschulpolitik. Er gewann nationale und internationale Debattierturniere und wurde mit dem Förderpreis Rhetorik des Seminars für Allgemeine Rhetorik der Universität Tübingen ausgezeichnet. Er arbeitet als Dozent im Bereich Erwachsenenbildung und veröffentlichte mehrere Bücher zum Thema Debattieren und Rhetorik.

Bernd F. Rex (M.A./Dipl.-Betr. FH) ist freiberuflicher Trainer und Berater in den Bereichen zielgerichteter Kommunikation. Darüber hinaus ist er u. a. Dozent für Rhetorik, Präsentation und Diskussionsführung an der Hochschule Heilbronn und der Universität Salzburg.

Die Förderung produktiver Kommunikationsformen unterstützt er als Mitbegründer des gemeinnützigen Vereins Streitkultur e.V. und durch die Publikation zahlreicher Artikel und Bücher.

Bibliografische Information der Deutschen Nationalbibliothek

Die Deutsche Nationalbibliothek verzeichnet diese Publikation in der Deutschen Nationalbibliografie; detaillierte bibliografische Daten sind im Internet über http://dnb.d-nb.de abrufbar.

© 2008 Wilhelm Fink GmbH & Co Verlags-KG
(Wilhelm Fink GmbH & Co Verlags-KG, Jühenplatz 1, D-33098 Paderborn)
ISBN 978-3-7705-4598-8

Internet: www.fink.de

Printed in Germany.
Herstellung: Ferdinand Schöningh, Paderborn
Einbandgestaltung: Atelier Reichert, Stuttgart

UTB-Bestellnummer: 978-3-8252-2976-4

Inhaltsverzeichnis

Einleitung 1.

Dank 1.1

Zu der Entstehung eines Buches tragen meist wesentlich mehr Menschen bei als die Namen auf dem Umschlag vermuten lassen. Wir möchten uns bei denen bedanken, die es ermöglicht haben, dass dieses Buch erscheinen konnte. An erster Stelle ist hier Diethard Sawicki vom Verlag Wilhelm Fink zu nennen, der die Anregung gab und als Lektor zur Verfügung stand und mit uns sehr vertrauensvoll und engagiert zusammengearbeitet hat. Wir wissen das gute Verhältnis sehr zu schätzen! Auch dem Verlag Wilhelm Fink gebührt großer Dank, dass er dieses Buch in sein Programm aufgenommen und für eine gute Betreuung gesorgt hat.

Ganz besonderer Dank gebührt Carolin Bartsch und Christine Fuhrmann, die durch stete Kritik, Anregung und Unterstützung eine große Hilfe waren.

An dieser Stelle möchten wir auch Michael Hoppmann dankend erwähnen, der in der Konzeptionsphase wichtige Beiträge geliefert hat und dessen Ideen insbesondere in den einleitenden Überblick über die Rhetorik einflossen.

Vorwort   1.2

Warum sollten Sie dieses Buch über Rhetorik im Studium kaufen und lesen? Früher übernahm es die Universität, in der die Rhetorik zentraler Bestandteil jedes Studiums war, ihre Studenten in der Kunst der Beredsamkeit auszubilden. Heute finden Sie allenfalls vereinzelte allgemeine Einführungen und oberflächliche Wochenendseminare, die in diese Lücke gestoßen sind, sie aber nicht ausfüllen können. Der Bedarf, überzeugend zu einem Thema sprechen zu können, treffende Argumentationen zu entwickeln und in Diskussionen erfolgreich eine Position zu verteidigen, kurz: die Tugenden der Rhetorik zu beherrschen, besteht heute immer noch. Dieses Buch bietet Ihnen einen schnellen, aber doch detaillierten Überblick über die unterschiedlichen rhetorischen Herausforderungen des Studiums und wie man mit ihnen umgehen kann.

Zentraler Gegenstand dieses Buches ist das gesprochene Wort. Überall dort, wo im Studium mit der Absicht kommuniziert wird, jemand anderen zu überzeugen, da ist dieses Buch einschlägig. Es geht uns also nicht darum, eine Anleitung zum wissenschaftlichen Arbeiten, zum Lernen oder Schreiben zu geben.

In diesem Text wird auf die Anführung weiblicher grammatikalischer Formen verzichtet, was aber auf keiner wie auch immer gearteten Wertung beruht, sondern nur ein Zugeständnis an bessere Lesbarkeit ist.

Wann sollten Sie also zum Buch „Rede im Studium" greifen?
Vor dem Beginn des Studiums bietet sich die Lektüre von „Rede im Studium" an, um der Frage nachzugehen: „Was erwartet mich eigentlich in der Universität?" Das Buch gibt beispielsweise Aufschlüsse darüber, wie Sie sich in Seminaren oder Vorlesungen einbringen können, wie Sie mit Ihrem Professor kommunizieren und wie besser nicht. Dazu werden die Eigenheiten der verschiedenen Situationen detailliert beschrieben und Ihre Möglichkeiten der Interaktion dargestellt. Um sich grundlegend zu orientieren,

lohnt es sich, dieses Buch in entspannter Atmosphäre am Wochenende „durchzuschmökern".

Während des Studiums nutzt Ihnen dieses Buch bei der frühzeitigen, aber auch der kurzfristigen Vorbereitung auf Herausforderungen wie z. B. dem ersten Referat, der Zwischenprüfung oder der Bewerbung um Praktika oder um eine Stelle als wissenschaftliche Hilfskraft. Natürlich hat dieses Buch auch eine Notkoffer-Funktion: Die Abschlussprüfung steht unmittelbar vor der Tür und es herrscht Alarmstimmung! Was kann ich jetzt tun, um die Situation zu retten und meine Überzeugungskraft zu stärken? Dieses Buch gibt Ihnen die Antwort darauf!

Natürlich gibt es gewisse Unterschiede in der Gestaltung des Studiums zwischen Universitäten, Fachhochschulen, Berufsakademien oder auch anderen Studienangeboten, aber auch zwischen den Natur- und den Geisteswissenschaften. Aus diesem Grund haben wir vermieden, allzu spezifisch auf die Besonderheiten dieser unterschiedlichen Formen einzugehen, sondern haben versucht, die Bereiche und Probleme herauszugreifen, mit denen jeder Student konfrontiert ist.

Viele der Tipps und Hinweise aus diesem Buch können auch in beruflichen Situationen angewandt werden. Deshalb wird der Übergang vom Studentenleben in den Beruf besonders berücksichtigt. Am Ende der Kapitel und auch zum Teil in den Texten finden sich dazu kurze Ausblicke auf die Anwendungsmöglichkeiten und die Besonderheiten der rhetorischen Erkenntnisse für die spätere Erwerbstätigkeit.

Der Titel umschreibt nicht nur den Gegenstand dieses Buches, sondern ist auch als klare Aufforderung für ein erfolgreiches Studium gedacht. Also: Rede im Studium!

Rhetorik – Was ist das eigentlich?   1.3

Wenn Sie sich mit dem Begriff „Rhetorik" befassen, dann stür-
men unglaublich viele Bedeutungen und Färbungen auf Sie ein.
Rhetorik ist ein schillernder Begriff. Seit seiner Erfindung im
antiken Griechenland werden mit ihm große Hoffnungen, aber
auch Ängste verbunden. Viele Mythen ranken sich zudem um ihn
und verstellen den klaren Blick auf die Möglichkeiten und Risiken, die in ihm liegen. Im Folgenden geht es darum, mit einigen
Vorurteilen gegenüber der Rhetorik aufzuräumen und Ihnen die
Kernerkenntnisse dieser Wissenschaft gebündelt zusammenzufassen. Dieses Rhetorikverständnis ist die Grundlage für die weiteren Ausführungen über die rednerischen Herausforderungen,
die Sie im Studium erwarten.

Was verstehen wir also unter Rhetorik? Rhetorik ist die Kunst
der menschlichen Beredsamkeit und ist auf Überzeugung ausge-
richtet. Basierend auf dem Erfahrungswissen der rhetorischen
Geschichte und Theorie haben sich mit der Zeit empirisch abge-
sicherte Regelsätze über die zielgerichtete, menschliche Kommunikation entwickelt, deren Befolgung rhetorischen Erfolg begüns-
tigt. Überzeugung bedeutet, dass Sie bei Ihren Zuhörern einen
Denkprozess auslösen und sie zu einem bestimmten, von Ihnen
vorher definierten Ergebnis bringen. Nach dieser kurzen Definition wollen wir Ihnen nun die Quintessenz der Rhetorik, die Sie
für Ihr Studium brauchen, näher bringen.

Rhetorikmythen   1.3.1

„Rhetorik ist Manipulation/Täuschung/böse."

Rhetorik hat in Deutschland immer auch den Beigeschmack der
Propaganda. Und in der Tat wurde gerade in der Nazi-Diktatur
intensiv durch die Propaganda-Maschinerie von rhetorischem
Wissen Gebrauch gemacht. Aber genauso wie bei einem Küchen-
messer, welches nützliche Dienste im kulinarischen Bereich leisten und gleichzeitig als Mordinstrument genutzt werden kann,
kann man nicht den Gegenstand für die Folgen seines Gebrauchs

verantwortlich machen. Verantwortlich ist immer der Mensch, der den Gegenstand oder das Wissen für seine Zwecke gebraucht. Gegner haben der Rhetorik durch die Jahrhunderte hindurch auch vorgeworfen, sie sei eine verwerfliche Kunst der Täuschung. Die beste Verteidigung dagegen, durch „rhetorische" Kniffe getäuscht und verführt zu werden, ist die Mechanismen und Wirkungsweisen der Rhetorik zu kennen und verstehen zu lernen. Das Wissen um die Rhetorik impft Sie also gegen Manipulation und Täuschung.

„Rhetorik ist nicht erlernbar."
Eine weit verbreitete Überzeugung lautet, dass man zum Redner geboren werden müsse. Nichts ist ferner der Wirklichkeit als dies! Natürlich sind die individuellen Anlagen, die ein Redner benötigt, wie Stimme, Gedächtnis, Konzentrationsfähigkeit und Vergleichbares in der Bevölkerung unterschiedlich stark ausgeprägt. Allerdings macht schon diese Aufzählung deutlich, um welche grundlegenden Dinge es bei der Begabung geht. Wer sich im Alltag normal mit seinen Mitmenschen unterhalten kann, der kann auch gute Reden halten. Man darf dabei aber nicht zu viel erwarten und denken, dass im ersten Anlauf die Massen gebannt vor Bewunderung auf einen schauen. Die beiden Königswege zum guten Redner sind zum einen der Erwerb des rhetorischen Wissens, der Regeln nach denen die Überzeugung funktioniert und zum anderen die regelmäßige und reflektierte Übung, durch die Sie Erfahrungen sammeln und gezielt an den eigenen Schwächen und Stärken arbeiten können.

„Rhetorik ist schöne Worte machen."
Wenn Sie heutzutage von jemandem gesagt bekommen, das hätten Sie „rhetorisch" besonders geschickt formuliert, dann ist dieses Lob zumeist mit Vorsicht zu genießen. Denn zugleich schwingt dabei mit, dass es mit dem Inhalt ja nicht ganz so weit her war. Betrachtet man die klassischen Aufgaben, die während der Erstellung einer Rede berücksichtigt werden sollen, so ist die Formulierung der Gedanken nur einer von fünf Schritten. Die

Rhetorik auf „Wortgeklingel" zu verkürzen, wäre sehr fahrlässig. Seit Anbeginn werden Form und Inhalt in der Rhetorik zusammen gesehen und eben nicht nur die Stilkunst, sondern auch die Logik hat ihre Wurzeln in der antiken Rhetorik.

„Reden kann man nur, wenn man von der Sache überzeugt ist." Schon Goethe lässt seinen Faust sagen „Sei er kein schellenlauter Tor. Es trägt Verstand und rechter Sinn mit wenig Kunst sich selber vor." Hat er damit Recht? Natürlich muss man etwas zu sagen haben, wenn man rhetorisch in Erscheinung tritt. Aber reicht es aus, einen guten Gedanken zu haben, um das Publikum von der Richtigkeit und Wichtigkeit zu überzeugen? Die Alltagserfahrung zeigt, dass häufig nicht derjenige den Sieg davon trägt, der die bessere Idee hat, sondern derjenige, der die Mehrheit von sich und seinen Ansichten überzeugen kann. Am besten ist es selbstverständlich, wenn Sie gleichzeitig die beste Idee haben und diese auch noch glänzend vertreten können. Daher gilt es, die eigene rhetorische Grundfitness zu trainieren, um für den „Ernstfall" vorbereitet zu sein!

In fünf Schritten zur Rede!   **1.3.2**

Es lassen sich fünf Aufgaben ermitteln, die Sie bearbeiten müssen, wenn Sie eine Rede verfassen. Sie müssen den Stoff erstens verstehen und die Inhalte (er-)finden, zweitens die gefundenen Inhalte gliedern, drittens die gefunden und gegliederten Inhalte in eine sprachlich ansprechende Form bringen, viertens müssen Sie die gefundenen, gegliederten und formulierten Inhalte so konservieren, dass Sie sie später vortragen können und Sie müssen fünftens das gesamte Werk ansprechend vortragen. Was jeweils in diesen Arbeitsschritten geleistet werden muss, folgt nun. Bei diesem Vorgehen sind die einzelnen Arbeitsschritte allerdings nur hier auf dem Papier fein säuberlich getrennt. Wenn Sie Ihre Rede entwickeln, dann können Sie bei Bedarf zwischen den einzelnen Tätigkeiten hin- und herwechseln. Allerdings sollten Sie die grundsätzliche zeitliche Abfolge der Schritte beibehalten, da sie sich bewährt hat.

1. Verstehen und erfinden (lat. inventio)

Ganz zu Beginn steht die Analyse der Redeaufgabe: Was wird bei dieser Rede von mir erwartet? Was sind die Rahmenbedingungen? Was will ich erreichen? Nachdem Sie diese Fragen für sich beantwortet haben, dürfte klar umrissen sein, auf was Sie sich bei der Rede eingelassen haben und Sie können dann an die Inhalte gehen. Wovon wollen Sie Ihre Zuhörer überzeugen? Welche Thesen wollen Sie vertreten? Welche Argumente gibt es für Ihre Position, welche sprechen eher gegen sie? In dieser kreativen Analysephase geht es darum, so viele Inhalte wie möglich zu finden und diese stichwortartig festzuhalten. Am Ende dieser Phase haben Sie ein Konzept von Ihrer Rede und ein Bündel von Inhalten im Rohzustand, welches Sie nun weiterbearbeiten können.

2. Gliedern (lat. disposito)

Den gefundenen Inhalt müssen Sie nun ordnen. Dazu gehört es, dass Sie aus der Fülle der Daten, Fakten, Argumente und Ideen zunächst diejenigen auswählen, die am besten in Ihr Konzept passen und Ihre Position am deutlichsten unterstreichen. Es erleichtert die Auswahl, wenn Sie den Inhalten die Kategorien A, B, C zuordnen. A steht für Inhalte, die zwingend aufgenommen werden müssen. Die Kategorie B bezeichnet Inhalte, die aufgenommen werden können, wenn Sie noch ausreichend Platz in Ihrer Rede haben. C-Inhalte nehmen Sie nicht in die Rede auf, sondern halten sie nur für Notfälle in der Hinterhand. Den ausgewählten Redestoff müssen Sie nun in eine harmonische und wirkungsvolle Reihenfolge bringen. Die einfachste Gliederung besteht aus einer zum Thema hinführenden Einleitung, einem Hauptteil, der Ihre Thesen und Argumente enthält und einem Schluss, in dem Sie Ihre Rede zusammenfassen und in einen Appell an die Zuhörer münden lassen. Um Ihre Argumente zu gewichten, hilft es, sie vom schlagkräftigsten bis zum schwächsten durchzunummerieren. Beginnen Sie Ihre Rede mit einem guten Argument und schließen Sie mit dem besten!

3. Formulieren (lat. elocutio)

Der Aufbau Ihrer Rede ist klar und Ihre Gliederung steht. Dann ist es Zeit, dieses Redeskelett mit Leben zu füllen und die bisher nur als Stichworte existierenden Fragmente in Worte zu kleiden. Ob Sie dabei Ihre ganze Rede ausformulieren oder nur einzelne wichtige Passagen ausarbeiten, hängt von der Situation und Ihrem Vertrauen in Ihre spontane Formulierungskunst ab. Hier ist der Ort für den Einsatz von rhetorischen Stilfiguren, von Zitaten und Sinnsprüchen und vergleichbarem. Sie sollten sich in jedem Fall ausführlich Ihrem Einleitungs- und Schlusssatz widmen, da beide eine herausragende Bedeutung für das Gelingen Ihrer Rede haben.

4. Einprägen (lat. memoria)

Irgendwie muss die Rede nun vom Schreibtisch auf die ‚Bühne' kommen. Der Übertrag aus der Arbeitsversion in die endgültige Fassung erfolgt in diesem Schritt. Als Speichermedien können Ihr Gedächtnis, Karteikarten, oder ein ganzes Redemanuskript dienen. Probieren Sie die verschiedenen Möglichkeiten aus und überprüfen Sie, mit welcher Variante Sie am besten klar kommen.

5. Vortragen (lat. actio)

Der Moment der Wahrheit! Der Vortrag ist zwar nur die Spitze des Eisbergs, wenn man die gesamte Arbeit an der Rede beurteilt, doch bleibt er das Lebenszentrum eines jeden Redners. Es kommt beim Vortrag darauf an, Ihre Inhalte souverän und glaubwürdig zu verkörpern. Bringen Sie Ihre Inhalte durch Ihre Stimme zum Klingen, unterstreichen Sie wichtige Passagen mit Ihrer Gestik und Mimik und behalten Sie Ihr Publikum durch steten Blickkontakt im Auge.

Quellen der rhetorischen Überzeugung   1.3.3

Wenn Sie vor ein Publikum treten und es überzeugen wollen, dann haben Sie drei Quellen, aus denen Sie dabei schöpfen können: Sie haben die Glaubwürdigkeit Ihrer Person (gr. Ethos), Ihnen steht die Emotion zur Verfügung (gr. Pathos) und Sie können auf den Inhalt (gr. Logos) zurückgreifen. Alle drei Elemente wirken in jeder Rede ineinander, allerdings in wechselnder Intensität. Sobald Sie als Redner in Erscheinung treten, wird Ihre Person durch das Publikum eingeschätzt. Von dieser Einschätzung hängen Ihre Möglichkeiten der Überzeugung ab: Werden Sie als kompetent und glaubwürdig eingestuft, haben Sie es leichter, die Menschen mir Ihren Argumenten zu erreichen, als wenn Sie als windiger Dampfplauderer angesehen werden. Achten Sie also darauf, wie Sie wahrgenommen werden (wollen). Auch die Erregung von Emotionen gehört zu den wichtigen Bestandteilen der Überzeugungsarbeit. Sie müssen das Publikum zwar nicht zum Lachen oder Weinen bringen, aber anrühren, betroffen machen, zum Schmunzeln bringen und dergleichen mehr, das schaffen Sie!

Wenn Ihre Rede überzeugen soll, dann sollten Sie diese auf drei Aspekte hin ausrichten. Eine gute Rede muss immer informieren (lat. docere), immer auch bewegende Aspekte beinhalten (lat. movere) und schließlich sollte eine jede Rede auch, zumindest ein wenig, unterhalten (lat. delectare). Haben Sie alle drei Aufgaben im Blick, wenn Sie Ihre Rede planen und später halten.

Argumentieren – Das tägliche Brot des Redners

Es reicht in Auseinandersetzungen mit anderen in der Regel nicht, nur zu behaupten, eine Lösung, Interpretation oder Ansicht sei die bessere, sondern man muss Gründe dafür anführen. Diese Gründe, mit denen Sie Ihre Behauptung stützen, müssen verständlich und plausibel sein. Diese Tätigkeit heißt Argumentieren. Überzeugen können Sie allerdings Ihre Zuhörer nur, wenn es Ihnen gelingt, Ihre eigene Behauptung, also die Überzeugung/ These etc., die Sie Ihren Zuhörern vermitteln möchten, mit Gründen zu untermauern, die die Zuhörer teilen. Sie müssen also aus Sicht Ihrer Zuhörer das Problem betrachten und an deren Überzeugungen anknüpfen. Das macht das Argumentieren zu einer so schwierigen Sache, da Sie nicht nur darauf achten müssen, dass das Argument in sich logisch stimmig ist, sondern Sie müssen auch die Ansichten Ihrer Zuhörer nicht nur kennen, sondern auch maßgeblich in Ihrer Argumentation berücksichtigen.

Eine weitere wichtige Erkenntnis für das Argumentieren in rhetorischen Situationen ist, dass es keine Wahrheiten, sondern lediglich Wahrscheinlichkeiten gibt, mit denen Sie arbeiten müssen. Natürlich ist die Erde rund und keine Scheibe. Und genauso gibt es auch unumstößliche Fakten, die man (eigentlich) nicht ignorieren kann. Es ist wenig gewinnbringend über die Existenz von Schwerkraft zu diskutieren. Aber die Rhetorik dreht sich gerade um Fragen, die überzeugungsoffen sind, d.h. um Fälle, in denen mehrere alternative Positionen oder Lösungen möglich sind. Für Sie bedeutet dies, dass es zu jeder Position auch eine Gegenposition gibt, die Sie zumindest wahrnehmen sollen, wenn Sie argumentieren.

Dies sind lediglich einige der hilfreichen Erkenntnisse der 2000jährigen wissenschaftlichen Beschäftigung mit der Rhetorik. Wenn Sie Gefallen am Bergen von derartigen Schätzen gefunden haben, können wir Ihnen nur empfehlen, in den reichhaltigen Gefilden der Wissenschaft der Beredsamkeit zu wildern und auf eigene Faust auf Entdeckertour zu gehen. Einige weiterführende Literaturhinweise, die Ihnen den Einstieg in das Dickicht erleichtern, finden Sie im Anhang.

Die 10 goldenen Regeln der Rhetorik   1.3.4

Neben den gerade aufgeführten grundlegenden Erkenntnissen gibt es auch eine Reihe von Regeln und Maßgaben, die so allumfassend sind, dass wir diese für Sie in den „10 goldenen Regeln der Rhetorik" zusammengefasst haben. Diese zehn Regeln sollen Ihnen eine Leitlinie geben, in der jeweiligen Situation die rhetorisch beste und damit erfolgversprechendste Möglichkeit wählen zu können.

1. Regel: Angemessenheit

In der Rhetorik gibt es keine klaren Kategorien von „Falsch" und „Richtig". Was in der einen Situation besonders wirkungsvoll war, kann vor dem nächsten Publikum das größte Fettnäpfchen sein. Der zentrale Maßstab der Rhetorik ist deshalb die Angemessenheit (lat. aptum). Es muss alles zusammenpassen. Die Angemessenheit verbindet die drei bestimmenden Elemente der Rhetorik, nämlich den Redner, die Rede und das Publikum miteinander. Ihre Person muss zum Inhalt Ihrer Rede passen, Sie müssen das Publikum bei der Gestaltung der Rede und Ihrem Auftritt maßgeblich berücksichtigen. Desgleichen gibt es beispielsweise auch keine ‚falsche' Gestik. Wenn es Ihnen hilft, um Ihre Aussage zu verdeutlichen, können Sie einen Kopfstand machen. Wenn er von Ihrem Inhalt ablenkt, dann sollten Sie darauf verzichten.

2. Regel: Situationsbezogenheit

Auf den Fußball bezogen sagte Sepp Herberger einmal, „Wichtig is aufm Platz." und „Nach dem Spiel ist vor dem Spiel". Gleiches gilt für die Rhetorik. Sie müssen immer wieder von neuem in der konkreten Situation beweisen, dass Sie Ihre Zuhörer in Ihren Bann ziehen können. Auch wenn Sie im Ruf stehen, besonders eloquent, witzig oder leidenschaftlich zu sein, hilft Ihnen dieser Ruf bei Ihrem Auftritt nichts, wenn Sie dabei nicht eloquent, witzig oder leidenschaftlich sind. Das macht die Rhetorik zu einer Sisyphos-Arbeit, da man nie „fertig" ist und sich auf seinen Lorbeeren ausruhen kann, aber es ist zugleich eine motivierende Herausforderung, immer wieder unter Beweis zu stellen, dass man nichts verlernt hat oder sogar noch besser geworden ist.

3. Regel: Publikumsgerichtetheit

Das Publikum ist für den Redner jederzeit, von den ersten Schritten der Vorbereitung bis zum Auftritt die wichtigste Bezugsgröße. Denken Sie immer aus Sicht des Publikums! Wenn das Publikum Ihre Botschaft nicht versteht, dann war nicht das Publikum zu dumm, sondern Sie haben die falschen Worte benutzt und das Publikum nicht erreicht! Dies zu akzeptieren, ist eine der wichtigsten Lektionen der Rhetorik. Beobachten und analysieren Sie also Ihr Publikum sehr gründlich und seien Sie sensibel für dessen Bedürfnisse.

4. Regel: Verbergen der Kunst

Die Rhetorik ist eine Kunst, die nach Regeln ausgeübt wird. Sobald allerdings das Publikum in der Situation merkt, dass Sie lediglich Regeln anwenden, zerreißt der Schleier der Illusion und eine Rede verliert ihren Zauber, wirkt hölzern und vorhersehbar. Das Verbergen der Kunst (lat. dissimulatio artis) braucht einiges an Erfahrung. Ihr Ziel muss es sein, jede rhetorische Figur, jedes Argument so natürlich aussehen zu lassen wie möglich. Die einzige Ausnahme dieser Regel sind Lobreden. In Lobreden geht es, neben dem Lobpreis der Person oder des Gegenstands, darum, die eigene Kunstfertigkeit herauszustellen. Hierbei können Sie die Regeln offenbaren und zeigen, wie virtuos Sie es verstehen, mit dieser Regel umzugehen.

5. Regel: Erspüren des günstigen Augenblicks

Die antiken Griechen nannten es „kairos", den günstigen Augenblick! Eine gute Rede hat viel mit einem guten Timing zu tun. Es kommt darauf an, das richtige Wort zur rechten Zeit zu finden. Wie setze ich die Pausen? Welche Betonung benutze ich wann? Welche Geste unterstreicht das Gesagte zu diesem Zeitpunkt am besten? Diese und ähnliche Fragen spannen sich rund um den Kairos. Eine besondere Schwierigkeit im Umgang damit ist, dass sich kaum verlässliche und allgemeingültige Regeln darüber aufstellen lassen. Den perfekten Moment zu erspüren ist eine Erfahrungsfrage. Je häufiger Sie reden und dem Kairos nachjagen, desto leichter wird es Ihnen mit der Zeit fallen, den richtigen Moment auch zu erwischen.

6. Regel: Zuhören ist rhetorische Kardinaltugend

Eine sehr vernachlässigte Tugend heutzutage ist das präzise und aufmerksame Zuhören. Wir sind kaum mehr in der Lage, für längere Zeit einem Vortrag konzentriert zu folgen und dabei die textliche Gestaltung und die feinen Nuancen der Betonung wirklich wahrzunehmen. Nur durch genaues Zuhören und Heraushören können wir die Positionen unserer Konkurrenten erfassen und wissen erst dann, mit welcher Strategie und welchen Argumenten wir sie überzeugen können. Das Zuhören ist also absolute Voraussetzung für die Überzeugung!

7. Regel: Rhetorischer Erfolg bedarf der Planung

Ohne Vorbereitung ist rhetorischer Erfolg nur selten zu haben. Zwar muss nicht jede kleine Diskussion generalstabsmäßig geplant werden, doch steigt mit der Bedeutung der Situation für Sie auch die Notwendigkeit der ausführlichen Präparation. Rhetorisch zu handeln heißt vor allem auch strategisch zu handeln. Beobachten und analysieren Sie die Ausgangslage, stimmen Sie Ihre Instrumente und Vorgehensweise auf diese Rahmenbedingungen ab und handeln Sie danach!

8. Regel: Reden kann man nur durch Reden lernen

Die Rhetorik ist eine Wissenschaft, die aus der Praxis entstanden ist und die für die Praxis entwickelt wurde. Das Lesen von Rhetorikratgebern kann Ihnen vielleicht neue Blickwinkel auf das Thema ermöglichen, aber zu einem besseren Redner macht Sie erst die ständige Übung! Nutzen Sie daher jede sich bietende Gelegenheit, um sich selber in diesem Handwerk zu trainieren. Nehmen Sie sich dabei schrittweise kleine Ziele vor, die Sie im Alltag anwenden können. Jedes Referat, jede Verhandlung, jede Auseinandersetzung ist ein kleines Übungsfeld. Sehr empfehlenswert sind zudem auch die immer weiter verbreiteten Debattierclubs, in denen sich sogar wöchentlich die Möglichkeit bietet, Reden zuzuhören und selber zu reden. Weitere Hinweise für einen Einstieg in diese lohnenswerte Thematik finden Sie im Literaturverzeichnis.

9. Regel: Nachahmung als Prinzip zum Erfolg

Ein ganz einfaches Prinzip hat sich über die Jahrhunderte der rhetorischen Erziehung und Ausbildung als besonders effektiv erwiesen, die Nachahmung (lat. imitatio). Das Ziel ist dabei, durch eine bewusste Beobachtung anderer Redner und ihrer Kompetenzen und Fehler, ein Gefühl für erfolgreiche rhetorische Strategien und Muster zu bekommen und diese selber auszuprobieren und zu vervollkommnen. Bei der Imitation geht es nicht darum, ein Vorbild ‚nachzuäffen', sondern konstruktiv die positiven Ansätze des Redners zu beobachten, zu analysieren und mit dem Ziel zu nutzen, sich selbst zu verbessern und das eigene Vorbild irgendwann sogar zu übertreffen. Suchen Sie sich also Vorbilder und fragen sich: Was macht diesen Redner zu einem guten Redner?

10. Regel: Befolgen und Brechen der Regeln

Das Anwenden der Regeln der Rhetorik ermöglicht Ihnen viele Erfahrungen und führt Sie zu einem sehr soliden Rednerniveau. Die große Kunst der Rhetorik besteht aber darin, die bestehenden Regeln stets an den Erfordernissen der konkreten Situation zu messen und die Regeln im Zweifel zu verändern, zu ignorieren oder zu brechen. Der kreative Umgang mit dem rhetorischen Regelwerk erst macht den sehr guten Redner aus. Natürlich gilt dies für alle Regeln, Hinweise und Tipps, die wir Ihnen in diesem Buch vermitteln. Für die Mehrzahl der Fälle werden sie zutreffen, allerdings seien Sie kritisch und überprüfen Sie immer wieder die Handlungsanweisungen. Und bei allen Regeln und Hinweisen, die sich mit der Zeit als hilfreich erwiesen haben, gibt es doch keine Garantie für rhetorischen Erfolg oder ein einfaches Rezept, welches Sie einfach „nachzukochen" bräuchten. Die menschliche Kommunikation und das menschliche Wesen sind viel zu komplex für einfache Lösungen. Dass es trotzdem möglich ist, beweisen die vielen kleinen und großen erfolgreichen Redner, denen wir in unserem Leben begegnen. Niemand hindert uns, es ihnen gleichzutun!

Was erwartet Sie nun auf den folgenden Seiten? Ausgehend von unserem gerade skizzierten Rhetorikverständnis widmen wir uns den verschiedenen rhetorischen Situationen, denen Sie als Student begegnen können. Dabei richten wir unser Hauptaugenmerk auf eine klare Darstellung der jeweiligen Herausforderungen und Ihren Möglichkeiten, die Situation für sich gestalten zu können. Behandelt werden das Erstellen und Halten von Referaten, Fragen des Medieneinsatzes, Reden zur Vorstellung der eigenen Person, rhetorische Gesprächsformen (Fragen, Aussagen, Antworten), Verhalten in Sprechstunden, Bewerbungsstrategien, rhetorische Aspekte von Prüfungen, Gruppenarbeit im Studium, politische Reden sowie Festreden. Ergänzt werden die Ausführungen durch kurze Exkurse, wie zum Beispiel über E-Mail-Kommunikation oder Prüfungsangst.

Jetzt rede ich! Präsentationen, Referate und Reden im Studium 2.1

Zwei wesentliche Elemente der Rhetorik im Studium werden in diesem Kapitel bearbeitet: Zum einen sollen die Fragen rund um den Vortrag von Inhalten geklärt werden. Hauptgegenstand dieser Ausführungen ist das studentische Referat, welches im Studium einen wichtigen Platz einnimmt. Zum anderen geht es um die Vorstellung der eigenen Person. Diese Herausforderung ist für viele Studenten besonders schwierig, da sie im Gegensatz zu Referaten, die zumeist aus der Schulzeit als Form schon bekannt sind, oft Neuland darstellt. Die Bedeutung der Vorstellungsgespräche nimmt aber für viele Studenten zu: Es fängt bei den Auswahlgesprächen für Bachelor- oder Masterabschlüsse an und hört mit den eigenen Stellenbewerbungen für Praktika oder für den späteren Beruf auf.

Zur Sache! Die Präsentation von Inhalten   2.1.1

Obwohl das Referat als Vortragsform den meisten Studenten wahrscheinlich geläufig ist, gibt es einige Aspekte, die wenig bewusst sind und häufiger zu Fehlern führen. Deshalb geht dieser Abschnitt auf die besonderen Schwierigkeiten von Referaten im Studium ein, die sich in der Praxis immer wieder zeigen und erläutert die grundsätzliche Aufgabe des Referenten, nimmt den Vortrag selbst in den Blick, geht auf die Frage des Medieneinsatzes umfassend ein und gibt Hinweise für die Gestaltung von Seminarstunden und die Übernahme von kleinen Lehraufträgen durch Studenten.

Grundsätzliches Vorgehen bei Referaten

Wichtige Hinweise, wie Sie Ihr Referat vorbereiten und die Rede dazu erstellen können, finden Sie auch in der Einleitung über die Rhetorik und unter der Überschrift „Gruppenreferate". An dieser Stelle soll es vor allem um Ihre Aufgabe als Referent gehen.

Für das Gelingen des Referats ist es entscheidend, dass Sie sich klar darüber werden, was von Ihnen als Vortragendem erwartet wird. Was sollen Sie mit dem Referat erreichen? Ausdrücklich kein Ziel ist es, vollständig die eigenen, über Wochen gesammelten Erkenntnisse über Ihre Kommilitonen zu ergießen oder die Pflichtlektüre en detail „runterzubeten". Ihre Aufgaben als Experte für das Referatsthema lauten Recherche, Auswahl und Komprimierung sowie Veranschaulichung.

Recherche

Zunächst einmal müssen Sie sich einen Überblick über das Thema verschaffen. Was wissen Sie bereits über das Thema? Welche Vorgaben oder Leitfragen für das Referat gibt es vom Dozenten? Stellen Sie relativ früh einen Fragekatalog mit den Kerninhalten auf, die Sie vermitteln wollen. Überprüfen und überarbeiten Sie während der Arbeit an dem Referat diesen Katalog laufend. Was sollen Ihre Kommilitonen nach der Sitzung wissen? Was ist das Wesentliche dieses Themas? Den Kern eines Themas herauszuschälen ist eine sehr anspruchsvolle Aufgabe. Halten Sie die von Ihnen identifizierten wesentlichen Punkte schriftlich fest und recherchieren Sie nun rund um das Thema. Das heißt, lesen Sie nicht nur die angegebene Pflichtlektüre, sondern dehnen Sie Ihre Suche aus und nutzen Sie Handbücher, Lexika, Monographien, Aufsätze, Internetquellen oder auch Expertenwissen. Seien Sie aber insbesondere sehr zurückhaltend was Informationen aus dem Internet angeht, die nicht von vertrauenswürdigen Organisationen oder Autoren angeboten werden. Angebote wie Wikipedia sind keine wissenschaftlich verwertbaren Quellen! Hüten Sie sich auch davor, einfach Abschnitte oder ganze Artikel einfach zu übernehmen! Zumeist enthalten Sie einige Fehler und passen nicht 100%ig zu Ihrem Thema. Wenn Sie die Quelle zudem nicht korrekt angeben, machen Sie sich außerdem des Plagiats schuldig.

Auswahl und Komprimierung

Nachdem Sie sich ausführlich mit der Literatur beschäftigt haben, nehmen Sie erneut Ihre Grobgliederung zur Hand, die Sie zu Beginn erstellt haben. Ist Ihre Sicht auf das Thema gleich geblieben? Sehen Sie immer noch dieselben Aspekte als Hauptpunkte? Überarbeiten Sie Ihre Gliederung entsprechend. Anschließend wählen Sie die Informationen aus, die Ihnen für die Herleitung, Definition, Begründung, Ausdifferenzierung, etc. Ihrer Punkte besonders geeignet erscheinen. Versuchen Sie dabei nie, Vollständigkeit zu erreichen! Verdichten Sie Ihre Erkenntnisse zu Thesen, suchen Sie die besonderen Merkmale oder bestimmen Sie Phasen, Gruppen oder zentrale Zusammenhänge. Es hilft bei der Auswahl, wenn Sie die drei oder vier Erkenntnisse jeweils in einem Satz zusammenfassen, die Ihre Kommilitonen nach der Sitzung als neues Wissen mit nach Hause nehmen sollen.

Veranschaulichung

Wenn Sie Ihre Hauptpunkte und Ihre weiteren Inhalte ausgewählt haben, treten Sie einen Schritt zurück und überlegen sich, wie Sie dieses Wissen Ihren Kommilitonen am besten vermitteln können. Suchen Sie passende Beispiele, überlegen Sie, welche

Medien Sie einsetzen könnten und auf welche Elemente der Gruppenarbeit Sie zurückgreifen wollen. Über den Medieneinsatz und die Möglichkeiten der Gruppenarbeit handeln die nächsten Abschnitte. Darüber hinaus sollten Sie stets Ihre wichtigen Aussagen zusammenfassen und die Kernpunkte Ihres Referats wiederholen, damit Ihre Botschaft nicht untergeht. Bilden Sie klare Sinneinheiten und versehen Sie diese mit einprägsamen Überschriften. Dies erleichtert es Ihren Zuhörern, Ihnen während des Referats zu folgen.

Medieneinsatz

In der heutigen Hochschullandschaft steht dem Studierenden eine beeindruckende Anzahl an verschiedensten Medien für sein Referat zur Verfügung. Die Idee, die dabei grundsätzlich verfolgt wird ist, das gesprochene, rein auditiv vermittelte Wort des Redners mit sichtbaren Objekten zu unterstützen: also das Wort unterstützend zu visualisieren!

Bevor im Folgenden die gängigsten Medien vorgestellt werden und Sie abwägen müssen, welches Medium Sie nutzen wollen, sollten Sie sich eine zentrale Frage stellen: **„Wird durch das eingesetzte Medium Ihre Rede besser?"** Nur wenn Sie diese Frage mit einem mit einem klaren „Ja" beantworten können, sollten Sie den ernsthaften Einsatz dieses Equipments in Betracht ziehen. Nun wird in Ihrer Studienzeit von Ihnen nicht verlangt, schon perfekte Vorträge und Präsentationen zu halten. Immerhin ist das Studium ein Ort und eine Zeit in Ihrem Leben, in der Sie lernen sollen und in der Sie der Gelegenheit haben sollen, sich zu erproben und verschiedenste Dinge auszuprobieren. Gerade in den ersten Semestern sollten Sie diese Chance nutzen und sich mit den verschiedenen Möglichkeiten des Medieneinsatzes bei Vorträgen vertraut machen. Wenn Sie an das Ende Ihrer Studienzeit gelangen, sollten Sie Ihre Fähigkeiten im Einsatz dieser Medien soweit verbessert haben, dass Sie nun daran gehen sollten, diese möglichst optimal einzusetzen.

Bedenken Sie, dass bei einem Vortrag der Redner und seine Rede der Hauptüberzeugungsträger sind. Wenn Sie überzeugen

wollen, dann kann das eingesetzte Medium dieses Ziel unterstützen, aber auch erschweren. Fragen Sie sich, welchen Mehrwert
die Visualisierung durch das Medium für Ihren Vortrag bieten
kann. Sinnvolle Fragen dazu können sein: „Werden die dargestellten Inhalte dadurch leichter verständlich?" oder „Kann durch die
Visualisierung die Gliederung meiner Rede unterstützt werden
und können meine Zuhörer mir damit besser folgen?".

Während vor einigen Jahren Computer gestützte Präsentationen wegen der damals noch schier unerschwinglich teuren LCD-
Projektoren (ugs. „Beamer") kaum möglich waren, gehören diese
heute zum fast selbstverständlichen Equipment jeder Hochschule. In den meisten Fällen ist es Ihnen überlassen, welche Medien
Sie bei Ihrem Referat einsetzen wollen, jedoch stehen nicht immer alle Medien zur Verfügung oder sind nicht gerne gesehen.
Klären Sie deshalb vorher, ob diese Medien überhaupt zur Verfügung stehen und ob Sie dieses Equipment einsetzen dürfen bzw.
was Sie vorher tun müssen, um dafür die Erlaubnis zu bekommen.

Visualisierungsmedien

Video- / Audioaudioaufzeichnungen / Dias
Diese Medien werden meist nur als Zwischensequenzen in einem
Vortrag genutzt. Nutzen Sie diese als Unterbrechung und Ergän-
zung Ihres eigentlichen Vortrags. Versuchen Sie nicht, während
Ihres Vortrags z.B. neben einem Video zu sprechen. Es würde viel
zu viel Aufmerksamkeit von Ihnen als Redner abziehen. Auch
Dias sind schwierig bei einem Vortrag. Gewöhnlicher Weise be-
nötigt man bei einem Diavortrag einen stark abgedunkelten
Raum. Dabei legt sich das Hauptaugenmerk Ihres Publikums auf
die gezeigten Dias und Sie werden zu einer „Stimme aus dem
Dunkeln".

Moderationswand
Moderationswände sind meist stoffbezogene große Wände, auf
die mit Nadeln Moderationskarten gepinnt werden. Diese werden
vornehmlich für die strukturierte Begleitung einer Gruppenar-

beit, also einer Moderation, verwendet. Für einen klassischen Vortrag wird dieses Medium meist nicht benötigt. An Hochschulen werden Moderationswände häufig nicht gerne eingesetzt, da die benötigten Materialien in der Masse der Veranstaltungen einen durchaus beachtlichen Kostenfaktor darstellen können.

Flip Chart / Tafel / Whiteboard
Flip Charts sind übergroße Blöcke, mit deren Hilfe man kurze Texte schnell visualisieren kann. Auch dieses Medium wird an Hochschulen seltener eingesetzt, da die Größe der Flip Charts einen sinnvollen Einsatz bei nur maximal 20 Teilnehmern erlaubt und auch hier die Kosten für das Papier und Stifte von den Hochschulen meist vermieden werden. Praktisch immer steht Ihnen in Seminar- und Vorlesungsräumen eine Tafel zur Verfügung. Achten Sie darauf, dass Sie geeignete Kreidestücke zur Verfügung haben und Sie zuvor das Aufzeichnen Ihres Tafelbildes üben. Ähnliches gilt für Whiteboards. Diese sind zwar nicht ganz so häufig, es gelten aber die gleichen Herausforderungen bei der Gestaltung des Tafelbildes. Achten Sie darauf, dass man nur mit speziellen Stiften auf ein Whiteboard schreiben kann (keine Flip Chart-Stifte)!

Tageslichtprojektor
Ein Tageslichtprojektor (auch: Overheadprojektor) ist die mittlerweile veraltete Form, eine Präsentationsfolie an eine Leinwand werfen zu können. Da die Erstellung der Folien umständlich und auch nicht ganz ohne Kosten ist, versuchen Sie lieber eine Präsentation mit Hilfe eines „Beamers" zu realisieren.

Präsentationsprogramme / Bildschirmpräsentationen via LCD-Projektoren („Beamer")
Auf dem Markt gibt es eine nicht zu unterschätzende Anzahl an Präsentationsprogrammen. Die größte Verbreitung dürfte das Programm „PowerPoint" von Microsoft für windowsbasierte Computersysteme haben. Im Bereich der Apple/Macintosh-Rechner ist das Programm „Keynote" von Apple weit verbreitet. Wer die Kosten für eines dieser Programme scheut, kann auch auf das

im kostenfreien Officepaket enthaltene Programm „Impress" von Openoffice.org zurückgreifen.

Smart-Boards / Graphiktabletts

In sehr wenigen Hochschulen finden diese High-End-Medien ihren Einsatz. Der große Vorteil dieser technischen Hilfsmittel ist, dass man eine Präsentation direkt und während des Vortrags z.B. durch Stifteingaben handschriftlich erweitern kann und damit ein vertiefendes Lehren und Lernen ermöglichen kann.

Unterlagen für das Publikum

Bei wissenschaftlichen Vorträgen gehört es üblicherweise dazu, dass Sie ein kurzes „Handout" („Handzettel") verteilen. Dies sollte nicht Ihr Referat in vollständig ausformuliertem Text beinhalten, sondern vielmehr die wesentlichen Stichpunkte und Aspekte, die Ihr Vortrag beinhaltet, wiedergeben. Informieren Sie sich auf jeden Fall, ob es bei Ihrem Lehrenden oder in Ihrem Fachbereich bestimmte, evtl. verpflichtende Vorlagen und Vorschriften dafür gibt.

Eine immer wieder diskutierte Frage ist, wann man diese Handzettel austeilen sollte. Teilt man sie vor dem Referat aus, schwindet die Aufmerksamkeit der Zuhörer, da diese eventuell schon vorher lesen, was gleich erzählt werden wird. Dies könnte man vermeiden, wenn man die Handzettel erst nach dem Vortrag verteilt. Dann können die Zuhörer aber keine Notizen machen und den Handzettel mit eigenen Punkten ergänzen. Da Studierende den Inhalt Ihres Vortrags für eine spätere Prüfung benötigen, führt dies dazu, dass diese dann sowieso versuchen werden, Notizen nebenher zu erstellen. Der klare Ratschlag an dieser Stelle lautet damit: Teilen Sie Ihre Handzettel vor Ihrem Vortrag aus und gestalten Sie diese so, dass man auch Notizen darin ergänzen kann!

Unterlagen für den Vortragenden

Es gibt viele Arten ein Manuskript zu erstellen. Jeder Redner muss dazu seine eigene spezielle Art finden. Es gibt drei grundlegende Vorgehensweisen, um ein Manuskript zu erstellen: der vollständige Redetext (die ausformulierte Rede), das Übersichtsblatt (Stichworte gesammelt) und die Redekartenmethode (Karteikarten mit Stichworten).

Variante 1: Der vollständige Redetext

Bei dieser Variante sollten Sie Ihre Rede vollständig ausformulieren. Den Text formatieren Sie am besten auf hochkant genommene DIN A4 Blätter. Schreiben Sie die Rede in genau dem Wortlaut, wie Sie ihn später vortragen wollen. Achten Sie bei der Formulierung darauf, dass Sie „Redesprache" und keine komplizierte „Schriftsprache" verwenden. Vermeiden Sie daher lange oder gar verschachtelte Sätze in Ihrer Rede. Bedenken Sie, dass man beim Lesen viel komplizierter gestaltete Sätze noch verstehen kann, die Verständlichkeit beim reinen Hören doch eher eingeschränkt ist.

Vergessen Sie bei der Formatierung nicht, deutlich lesbare Seitennummerierungen einzufügen. Nicht, dass Sie in der Aufregung des Auftritts ihr Manuskript fallen lassen und dann die eigentliche Reihenfolge nicht schnell genug rekonstruieren können.

Formatieren Sie den Text eineinhalb oder sogar zweizeilig und achten Sie auf einen ausreichenden Schriftgrad (> 12 Schriftgrad). Sie müssen im Vorfeld auf jeden Fall klären, ob die Lichtverhältnisse ausreichend sind und ob Sie ein Rednerpult zur Verfügung haben. Wenn beides schlecht oder nicht gegeben ist, können Sie diese Art des Vortrags nicht nutzen!

Um Ihre Rede souverän vortragen zu können, müssen Sie die Rede mehrfach üben! Markieren Sie mit farbigen Stiften die Stellen, an denen Sie kurze Pausen machen möchten oder bei denen Sie vielleicht eine besonders nachdrückliche Betonung verwenden wollen. Legen Sie Ihre Blätter immer mit der Schriftseite nach oben ab. Dies ermöglicht, dass Sie bereits sehen, was als nächstes kommen wird und Sie vermeiden ein auffälliges „umblättern". Denken Sie immer daran, dass Sie eine Rede halten und Sie nicht nur etwas vorlesen! Versuchen Sie immer, den Blickkontakt mit Ihrem Publikum zu suchen. Da dies einige Übung erfordert, ist das Vortragen eines vollständig ausformulierten Textes sicherlich eine Art des Vortrags, die eher etwas für den geübteren Redner ist.

Variante 2: Das Übersichtsblatt

Wenn Sie sich für eine Redeunterstützung durch ein Übersichtsblatt entscheiden, so nehmen Sie wieder ein DIN A4 oder bei kurzen Reden vielleicht auch ein A5 Blatt zur Hand. Entscheiden Sie welche Papiergröße Sie verwenden wollen, wenn Sie wissen, wie viel Platz Sie auf dem Rednerpult (denn das ist auch für diese Art des Manuskripts hilfreich) zur Verfügung haben.

Das Übersichtblatt sollte so strukturiert sein, dass Sie die gesamte Rede auf einen Blick auf nur einem Blatt zusammenfassen. Schreiben Sie nun in die oberste Zeile die Sätze oder Kerngedanken, mit denen Sie Ihre Rede beginnen wollen. In die unterste Zeile sollten Sie den Satz schreiben, mit dem Sie Ihre Rede beenden wollen. In die Mitte schreiben Sie die Hauptaspekte Ihrer Rede in Stichworten auf. Manche Redner verwenden dabei auch ein Mindmap, um die Gedanken im Hauptteil strukturiert zu notieren. Versuchen Sie, den für Sie am besten nutzbaren Weg zu finden. Achten Sie aber besonders darauf, dass Ihre Aufzeichnungen gut lesbar und übersichtlich bleiben!

Variante 3: Die Redekarten

Gänzlich ohne Pult kommen Sie aus, wenn sie Redekarten verwenden. Diese Redekarten sollten ein Format haben, das ungefähr in Ihre Hand passt (eine klassische Karteikarte ist meist zu groß – eine Visitenkarte meist schon zu klein).

Auf Ihrer ersten Karte sollte Ihr erster Begrüßungssatz stehen. Auch Zitate sollten Sie ausformuliert auf die Karten schreiben. Auf die letzte Karte sollten Sie Ihre Schlussworte, wie z.B. Ihren Schlussappell eintragen. Ansonsten sollten auf die Redekarten maximal drei bis vier Stichworte eingetragen werden. Schreiben Sie keine banalen Dinge auf die Karten. Sie sollten nicht in die peinliche Situation geraten, dass Sie aus Aufregung versuchen, Ihren eigenen Namen von der Karte vorzulesen.

Damit Sie mit Ihrem Daumen die Karten gut festhalten können, sollten Sie dafür freien Raum auf der Redekarte einplanen.
Wenn Sie also eher mit der rechten Hand Gesten ausführen,
meist bei Rechtshändern, markieren Sie auf der linken Seite der
Karteikarten einen ca. 1,5 cm breiten Rand. Linkshänder nehmen
die andere Seite dafür. Sie sollten die Karten für den Vortrag in
die jeweils „nicht-sprechende" Hand nehmen. Wenn Sie mit einer
Redekarte in der Hand eine Geste ausführen, wirkt dies sonst
meist sehr stark nach „herumfuchteln", da die Karte eine besondere Aufmerksamkeit auf Ihre Hand lenkt.

Um Ihren Vortrag zeitlich gut variieren zu können, sollten Sie
die Karten nach Ihrer Wichtigkeit kennzeichnen. So können Sie
die Karten, deren Inhalt Sie auf jeden Fall vortragen müssen, von
Karten unterscheiden, die Sie ergänzend vortragen können. Sie
können dies erreichen, indem Sie ein kleines Zeichen am oberen
Rand (z.B. „X" für Muss-Karte und „O" für eine optionale Karte)
eintragen oder auch durch das Verwenden von unterschiedlich
farbigen Karten (z.B. rosa/rot für Muss-Karten, weiß für optionale
Karten). Sie können auch eine dreifache Wertigkeit der Karten
verwenden, wie z.B. MUSS-Karten mit dem essentiellen Inhalt der
Rede, OPTONALE-Karten für ergänzende Inhalte und ZEIT-Kar-
ten mit weiterführenden Inhalten für den Fall, dass Sie doch mehr
Zeit zur Verfügung haben, als Sie ursprünglich gedacht hatten.

Das Vortragen mit Redekarten müssen Sie üben. Vor allem
müssen Sie sich angewöhnen, immer erledigte Karten nach hin-
ten zu stecken. Dies ist, wenn Sie auf die Karten schauen, natürlich einfach. Wenn Sie aber einen Punkt frei vortragen und frei
zu nächsten wechseln, müssen Sie ebenso die Karten weiterblät-
tern! Dies ist wichtig, damit Sie in dem Moment, in dem Sie
wieder auf eine Karte blicken müssen, auch die richtige Karte vor
sich haben.

Exkurs: Entwickeln einer PC-Präsentation

In modernen Vorlesungen und Seminaren ist der Gebrauch von
PC-Präsentationen mittlerweile zum allgemein üblichen Stan-
dard avanciert. Daher lohnen sich ein paar Gedanken über die

Erstellung einer zielgerichteten und sinnvollen Präsentation. Folgende Aspekte sollten Sie bei der Erstellung einer Präsentation beachten:

Bevor Sie Ihren PC einschalten:
Erstellen Sie zuerst eine Redestruktur, ganz so, als würden Sie keine visuelle Unterstützung einsetzen wollen. Überlegen Sie sich klar Ihre Hauptaspekte und die wesentlichen Informationen, die Ihr Vortrag enthalten soll.

Im nächsten Schritt überlegen Sie sich, ob durch die Präsentation bzw. die jeweiligen Folien ein Mehrwert für Ihren Vortrag erzeugt wird. Nur wenn die Folie Ihren Vortrag unterstützt, sollten Sie sich die Mühe machen, diese auch zu erstellen.

Wenn Sie das Präsentationsprogramm gestartet haben:
Machen Sie sich mit der Bedienung des Präsentationsprogramms so gut es geht vertraut. Ein geübter Benutzer eines solchen Programms benötigt unter 15 Minuten für eine graphisch gut aufbereitete Folie. Praktisch alle Präsentationsprogramme verwenden vorgefertigte Hintergründe, um die Inhalte durch ein möglichst gutes Grunddesign professionell darstellen zu können. Ein späteres Ändern dieses Designs ist zwar möglich, zieht aber häufig einige aufwendige Anpassungen nach sich. Um diese Arbeit zu vermeiden, sollten Sie sich daher gleich am Anfang Ihrer Arbeit auf ein bestimmtes Grunddesign festlegen und dieses dann auch beibehalten.

Bedenken Sie, dass Sie Ihren Zuhörern die Chance lassen müssen, die gezeigten Folien auch inhaltlich zu erfassen. Planen Sie mindestens eineinhalb Minuten für eine Folie ein. Wenn Sie eine 10-minütige Präsentation halten sollen, können Sie also maximal fünf bis sechs inhaltliche Folien verwenden. Um nun nicht viel zu viele Folien zu erstellen, sollten Sie in Ihrem Präsentationsprogramm für jeden Überpunkt Ihrer Rede eine leere Folie anlegen. Diese leeren Folien füllen Sie nun mit Inhalt. Wenn Sie feststellen, dass Sie eine weitere Folie benötigen, beachten Sie, dass Sie dies nur sinnvoll machen können, wenn Sie dafür eine andere Folie löschen.

Bei der Gestaltung der Folie:
Überlegen Sie sich, was die Hauptaussage der von Ihnen gemachten Folie sein soll. Diese Hauptaussage sollte graphisch so hervorgehoben sein, dass diese auf den ersten Blick wahrgenommen wird. Testen Sie dazu Ihre Folie, indem Sie Ihre Augen schließen, wieder öffnen und nun prüfen, ob Ihnen wirklich Ihre Hauptaussage zuerst in den Blick fällt bzw. klar erkennbar ist.

Des Weiteren sollten Sie darauf achten, dass die Folie Sie im Vortrag unterstützt. Testen Sie den Vortrag der Folie. Wenn Sie nicht mehr zu sagen haben, als das, was exakt auf der Folie steht, Sie also Ihren Vortrag auch direkt ablesen könnten, dann ist entweder die Folie überflüssig oder Ihr Redebeitrag!

Versuchen Sie reine Textfolien zu vermeiden. Auch wenn so mache Professoren hier mit deutlich schlechtem Vorbild vorrangehen. Eine Präsentation ist kein „an die Wand geworfener Lesetext". Überlegen Sie sich, welche inhaltliche Gliederung die Folie klarer und verständlich machen könnte. Wenn Sie z.B. von den drei Bereichen eines Aspektes sprechen, dann malen Sie doch dafür einfach drei Rechtecke und schreiben hier Ihre Inhalte hinein. Diese drei Blöcke wird man sicher schneller verstehen können als eine reine Textfolie. Beachten Sie dazu auch die weiterführenden Hinweise im Literaturverzeichnis.

Präsentieren! – Der Vortrag des Referats

Die Vorbereitung ist abgeschlossen und es gibt kein Zurück mehr: Der Tag der Wahrheit ist gekommen! Sie stellen nun Ihre Ergebnisse Ihrem Dozenten und den Seminarteilnehmern vor.

Machen Sie sich vor dem Vortrag Ihres Referates mit dem Raum vertraut, in dem Sie vortragen werden. Auch wenn es Ihr gewohnter Seminarraum ist, sollten Sie sich vorher an die veränderte Perspektive gewöhnen, die sich Ihnen von vorne bietet. Stimmen die äußeren Bedingungen? Sollten Sie noch lüften? Ist das Licht ausreichend oder blendet die Sonne? Alle Faktoren, die Sie beeinflussen können, sollten Sie im Blick haben und so angenehm wie möglich für Sie und Ihre Zuhörer gestalten. Richten Sie Ihren Platz so her, dass Sie alles zur Hand haben, wenn Sie es brauchen und sich (relativ) wohl fühlen. Schauen Sie, wie Ihre Stimme in dem Raum klingt und sprechen Sie ein paar Sätze.

Nervosität gehört bei Auftritten vor größeren Gruppen eigentlich immer dazu. Sie sollten das leichte Lampenfieber vor dem Referat nicht bekämpfen, sondern es als körperliche Vorfreude auf die Dinge, die da kommen, interpretieren. Das Kribbeln im Bauch hilft Ihnen, sich voll auf die Situation zu konzentrieren und setzt zusätzliche Energien frei. Machen Sie sich bewusst, dass Sie der Experte sind, und Sie zumindest im Vergleich zu Ihren Kommilitonen einen deutlichen Wissensvorsprung haben. Alle anderen waren schon oder müssen noch in Ihre Situation und können sehr gut nachfühlen, wie man sich vorne fühlt. Weitere Tipps und Hinweise zum Thema Lampenfieber und „Blackout" finden Sie im Exkurs „Prüfungsangst".

Versuchen Sie, während Ihres Vortrags möglichst oft den Blickkontakt mit Ihrem Publikum aufzunehmen und ihn zu halten. Orientieren Sie sich dabei nicht nur an Ihrem Dozenten, sondern schauen Sie möglichst viele Kommilitonen an. Nur wenn Sie Ihr Publikum im Blick haben, können Sie auf die Signale flexibel reagieren, die Ihnen gesendet werden. Waren Sie zu schnell? Haben viele Ihre Ausführungen nicht verstanden? Ist die Aufmerksamkeit voll bei Ihnen oder sind einige Seminarteilnehmer abgelenkt? Ihre Wirkung auf die Zuhörer wird wesentlich intensiver sein, als wenn Sie Ihren Text einfach nur vorlesen.

Achten Sie während des Vortrags nicht bewusst auf Ihre Gestik oder Mimik, sondern versuchen Sie lediglich, Ihre Aussagen grundsätzlich dem Publikum deutlich zu machen, dann entwickelt sich ein gesundes Maß an Ausdruck in der Regel von alleine. Da es sich bei den Referaten um Fachvorträge handelt, sollten Sie sich trotzdem bemühen, eher sparsam mit Gesten zu arbeiten. Gehen Sie aber mit einem freudigen und offenen Gesicht in den Vortrag, sodass Ihr Publikum merkt, dass es nun einen interessanten Beitrag zu erwarten hat.

Wenn Sie vorher Ihre Gestik trainieren wollen, dann überlegen Sie sich, wie Sie bestimmte Passagen mit Ihrer Haltung, Ihren Händen und Armen betonen können. Fragen Sie sich dabei, ob diese oder jene Geste zu Ihrer Person passt. Achten Sie darauf, dass Sie durch Ihre Gestik nicht von Ihrem Inhalt ablenken, sondern ihn unterstreichen wollen.

Sprechen Sie während des Referats laut und deutlich. Es wäre schade, wenn Ihre brillanten Gedanken nur deshalb nicht bei Ihren Kommilitonen ankommen, weil Sie zu leise sprechen oder Passagen verschlucken. Passen Sie auch Ihre Vortragsgeschwindigkeit den Bedürfnissen des Publikums an und bedenken Sie dabei, dass Ihre Zuhörer nicht über Ihr Vorwissen oder die Textvorlage Ihrer Rede verfügen und Ihnen trotzdem folgen können müssen. Achten Sie darauf, dass Sie durch Pausen Ihren Kommilitonen immer wieder die Möglichkeit geben, Ihre Ausführungen nachzuvollziehen und zu verarbeiten. Nutzen Sie Ihre stimmlichen Anlagen auch, um besondere Aussagen hervorzuheben und ihnen Nachdruck zu verleihen. Erkundigen Sie sich bei schwierigen Fachwörtern oder Namen vorher nach der richtigen Aussprache und üben Sie diese. Eine sehr gute Übung, um die eigene sprachliche Sicherheit zu verbessern, ist lautes Vorlesen.

Bitten Sie nach dem Referat den Dozenten und andere Kommilitonen um ehrliches Feedback zum Inhalt und zur Präsentation. Ob Lob oder Kritik, beherzigen Sie die nützlichen Hinweise und versuchen Sie beim nächsten Mal ein noch besseres Referat zu halten.

Besondere Vorträge

Es gibt zwei weitere Sonderformen von Vorträgen, die wir noch behandeln wollen: Die Gestaltung von längeren Unterrichtseinheiten und den Protokollvortrag.

Gestaltung längerer Einheiten – Von gestalteten Referaten und Tutorien

Als Student kommt man vor allem in den Geisteswissenschaften besonders mit der Vorgabe in Berührung, das Referat auf irgendeine Weise zu „gestalten", d.h. nicht nur einen reinen Wortvortrag zu halten, sondern auch andere Formen der Aufbereitung und Vermittlung zu integrieren. Ein zweiter Fall betrifft fortgeschrittene Studenten, die erste kleine Schritte in der Lehre gehen und Übungen oder Tutorien übernehmen.

Gestaltete Referate

Die Vorgaben und Gepflogenheiten für Referate mit interaktiven Elementen sind von Fakultät zu Fakultät und von Professor zu Professor sehr unterschiedlich. Bei dem einen Dozenten sind Diskussionsphasen und andere Elemente der Gruppenarbeit bei Referaten Pflicht, während ein anderer Dozent sie für reine Zeitverschwendung hält. Richten Sie sich in jedem Fall nach diesen Vorgaben. Je ungewöhnlicher Ihre Gestaltungsidee für Ihr Referat ist, desto dringender sollten Sie Ihr Vorhaben mit Ihrem Seminarleiter abstimmen. Sie sollten bei allen Gruppenarbeitsformen darauf achten, dass Sie die Seminarteilnehmer dort abholen, wo sie gerade stehen und ihren Horizont beachten. Sonst gehen die Vorteile dieser Gestaltung, wie die aktive Beteiligung und Motivation der Teilnehmer oder die Vertiefung des Wissens durch die eigene Anwendung, verloren.

Beispiele für Gestaltungselemente

Brainstorming
Insbesondere für die Hinleitung der zuhörenden Studenten auf ein Thema oder zur Fokussierung auf einen neuen Aspekt eignet sich ein kurzes Brainstorming gut. Sie geben den Seminarteilnehmern einen Begriff vor und fordern Sie auf, alles was ihnen dazu einfällt zu äußern. Alternativ dazu können Sie das Brainstorming auch erweitern und dazu auffordern, die Gedanken aufzuschreiben und Assoziationsketten zu bilden. Dies kann auch in der Form eines Mindmaps geschehen. Nach einer kurzen Zeit (ca. 5 Minuten) fassen Sie die Ergebnisse des Brainstormings in der Gruppe zusammen. Sie sollten sich im Vorfeld überlegen, welche Ergebnisse Sie ungefähr erwarten und im Zweifel fehlende Begriffe, die für den Fortgang Ihrer Ausführung von Bedeutung sind, ergänzen.

Gruppendiskussion
Eine Gruppendiskussion bietet sich vor allem gegen Ende der Seminarsitzung an, um mit dem vermittelten Wissen der Stunde offene Fragen oder Probleme zu erörtern. Entscheidend für eine gute Diskussion ist die Diskussionsleitung. Dies meint nicht nur das Erteilen des Wortes an die Seminarteilnehmer, sondern auch die Moderation, d.h. die Lenkung der Diskussion durch eigene Beiträge, Zusammenfassungen und gute Fragen. Sie sollten während der Vorbereitung einige Zeit darauf verwenden, gute Thesen und Fragen für die Diskussion zu finden. Diskussionen können grundsätzlich ohne große Vorbereitungszeit geführt werden. Sollten Sie allerdings besonders spezifische oder schwierige Fragen zur Diskussion stellen, so können eine kurze Vorbereitungszeit und Hintergrundinformationen für die Teilnehmer das Niveau der Auseinandersetzung steigern.

Arbeitsgruppen
Sehr breite Anwendungsmöglichkeiten gibt es für Arbeitsgruppen. Gruppengrößen von drei bis fünf Teilnehmern ermöglichen einen effizienten Austausch und eine rasche Bearbeitung der von Ihnen gestellten Aufgaben. Die einfachste und am weitesten verbreitete Form der Gruppenarbeit ist die Bearbeitung von Texten, Statistiken, Grafiken u.ä. in den einzelnen Gruppen, zu denen Fragen oder Aufgaben gestellt werden. Dabei können die Gruppen entweder alle denselben Text oder verschiedene Unterlagen bekommen. Die Gruppen können beobachtende, analytische, interpretatorische, kreative, zusammenfassende und viele weitere Arten von Aufgaben von Ihnen gestellt bekommen. Achten Sie darauf, dass zur Bearbeitung ausreichend Zeit zur Verfügung steht. Zudem sollten die Ergebnisse der Gruppe im Plenum vorgestellt werden, damit auch die anderen Seminarteilnehmer an den Erkenntnissen teilhaben können.

Rollenspiel
Das Rollenspiel ist eine besondere Form des Ergebnisses von Arbeitsgruppen. Sie soll hier beispielhaft für die vielen anderen

exotischen Möglichkeiten der Gestaltung von Seminarstunden stehen. Rollenspiele benötigen viel Vorbereitung und erfordern von den Teilnehmern großes Engagement und Können. Rollenspiele eignen sich dazu, Situationen nachzustellen und den Beteiligten und den Zuschauern ein Bild von den spezifischen Herausforderungen, Merkmalen und Strukturen bestimmter Konstellationen sichtbar und erfahrbar zu machen. Damit dies gelingt, müssen in der Vorbereitung die vorgesehenen Rollen ausgearbeitet und bestimmt werden. Eine Möglichkeit ist, die Referatsgruppe als „Schauspieler" zu nehmen, die das Stück dann vortragen. Dies hat den Vorteil, dass alle Beteiligten wissen, worauf sie sich einlassen und sich umfangreich vorbereiten können. Die Alternative dazu ist, die Seminarteilnehmer für das Spiel einzuspannen und ihnen die Erfahrungen zu ermöglichen. Achten Sie darauf, dass ausreichend Vorbereitungszeit zur Verfügung steht und niemand gezwungen werden muss, daran teilzunehmen.

Vergessen Sie bei aller Liebe zum Detail und zur Gestaltung der Unterrichtseinheit nicht, dass es darum geht, Inhalte zu vermitteln und keine „Spielstunde" zu veranstalten.

Zeitmanagement
Machen Sie in der Planungsphase eine Grobgliederung des Ablaufs Ihrer Stunde und bestimmen Sie dabei die maximale Dauer der einzelnen Elemente. Wie lange brauchen Sie selbst, wenn Sie diese Übung machen, den ausgewählten Text lesen und bearbeiten etc.? Probieren Sie in jedem Fall die einzelnen Elemente vorher aus! Dies sollten Sie nicht nur tun, um ihre Dauer zu bestimmen, sondern auch um Schwierigkeiten herauszufinden und diese möglichst schon im Vorfeld zu minimieren. Rechnen Sie auch Pufferzeiten ein. Meist gestalten sich die tatsächlichen Übungen länger, als wenn Sie diese mit Ihrem Vorwissen im stillen Kämmerlein durchspielen. Achten Sie bei der Gestaltung der Unterrichtseinheit darauf, wann Sie welche Präsentation und welche Arbeitsform einsetzen wollen. Berücksichtigen Sie dabei,

welchen Zweck die Gruppenarbeitsformen haben. Sollen Sie ein
erstes Bewusstsein für die Themenstellung vermitteln? Geht es
darum, Wissen anzuwenden und zu vertiefen oder um die Quintessenz der Stunde zusammenzufassen? Welches Vorwissen brauchen die Studenten?

Während des Referats sollten Sie die Uhr stets im Blick haben
und darauf achten, dass Ihr grober Zeitplan eingehalten wird.
Sollte eine Übung wesentlich zu lange dauern, schauen Sie, ob
Sie andere geplante Teile kürzen können oder beenden Sie die
Übung, auch wenn Sie noch nicht optimal zu Ende geführt wurde.
Diese Unwägbarkeiten gehören dazu und erfordern von Ihnen in
der Situation eine klare Prioritätensetzung. Was ist Ihnen wichtig
und auf was können Sie als schmückendes Beiwerk im Zweifel
auch verzichten?

Erste Schritte in der Lehre – Tutorien und Übungen

Tutorien, Übungen, Fallbesprechungen und ähnliche Veranstaltungen sind kleine Lehrveranstaltungen, die meist von fortge-
schrittenen Studenten betreut werden. Sie sind in der Regel entweder einführender Natur und/oder an Vorlesungen oder
Seminare angegliedert, um diese vor- bzw. nachzubereiten, Fragen zu klären, praktische Fälle zu bearbeiten oder besondere stu-
dienrelevante Techniken zu erlernen. Durch die kleine Gruppen-
größe sind die Sitzungen meist sehr intensiv.

Einer der spannendsten Aspekte bei der Übernahme von kleinen
Lehrveranstaltungen ist der Rollenwechsel vom Lernenden zum
Lehrenden. Wenn Sie die Leitung einer solchen Gruppe übernehmen, werden Sie automatisch zu einem Experten für die Themenstellung und zum direkten Ansprechpartner für Fragen und Einwürfe. Dies bedeutet, dass Sie sich im Vorfeld des Semesters mit
dem Thema ausgiebig befasst haben sollten, um einen Überblick
über Umfang, Inhalt, sowie die wahrscheinlichen Schwierigkeiten
zu bekommen. Vergewissern Sie sich bei dem betreuenden Dozenten, welche Vorgaben und Zielsetzungen es für Ihre Veranstaltung gibt und welche Materialien Sie gegebenenfalls von Ihren

Vorgängern übernehmen können. Erstellen Sie zu Beginn des Semesters einen groben Terminplan mit den Inhalten der Unterrichtsstunden und stimmen Sie ihn mit dem Professor ab. Überlegen Sie sich auch Wege, wie Sie die wichtigsten Inhalte vermitteln und erklären wollen. Was hat Ihnen dabei geholfen, diese Inhalte zu verstehen? Welche Erklärung hat Ihnen besonders eingeleuchtet? Hilft eine grafische Übersicht oder ein Anwendungsfall oder ein gemeinsames Brainstorming oder ein Arbeitsblatt am besten bei der Vermittlung? Die gewissenhafte Vorbereitung der einzelnen Sitzungen ist ein absolutes Muss! Denn die Improvisation von Lehrstunden gelingt nur in seltenen Ausnahmefällen und erfordert ein großes Basiswissen und erfahrungsgesättigtes didaktisches Geschick. Da diese kleinen Formen der Lehre häufig an größere Veranstaltungen wie Seminare oder Vorlesungen gekoppelt sind, müssen Sie in Ihrem Unterricht den Fortschritt Ihres mehr oder weniger parallel arbeitenden Professors berücksichtigen und sollten sich regelmäßig mit ihm abstimmen.

Ihre Nähe zu den Studenten ist natürlich größer als bei Professoren oder anderen Dozenten. Allerdings sollte Sie dieser Umstand nicht dazu verleiten, allzu nachgiebig oder „kumpelhaftanbiedernd" aufzutreten. Ihre Aufgabe besteht darin, „Ihren" Studenten wichtige Kompetenzen und Inhalte zu vermitteln und nicht, ihnen eine gute Zeit zu bereiten.

Bedenken Sie auch, dass die Leitung solcher Gruppen eine sehr große Konzentrationsleistung ist, da Sie während der Stunden die ganze Zeit präsent sein müssen und nicht abschalten können, wie dies als Student zuweilen möglich sein mag. Versuchen Sie sich als Servicekraft und Helfer zu verstehen; eröffnen Sie den Studenten in einer offenen Atmosphäre Raum für Fragen und Fehler und leiten Sie sie zu kreativen Denkprozessen an, wo dies möglich ist. Behandeln Sie die Fragen nach bestem Wissen und Gewissen und gestehen Sie in Zweifelsfällen auch Unwissen ein. In diesen Fällen sollten Sie die Antworten möglichst rasch, spätestens bis zur nächsten Sitzung recherchieren (oder den Studenten zur Recherche aufgeben).

Protokollvortrag

Eine besondere Art des Vortrags ist der Protokollvortrag. Diese Form des Kurzreferates wird immer häufiger in Seminaren eingesetzt. Dabei fassen ein oder mehrere Studierende den Inhalt der letzten Unterrichtseinheit zusammen und tragen diese in einer kurzen Rede am Anfang der jeweils nächsten Stunde vor. Für einen solchen Vortrag haben Sie meistens zwischen drei und fünf Minuten Zeit. Sie sollten in dieser kurzen Zeit die wesentlichen Punkte der vorangegangenen Stunde darstellen.

Beachten Sie dazu zwei Aspekte besonders. Zum einen wird es meist so gehandhabt, dass bereits am Anfang der Stunde derjenige bestimmt wird, welcher in der nächsten Stunde diese jetzige Stunde zusammenfassen soll. Sollte Sie das Los treffen, achten Sie bei Ihrem Mitschrieb bereits darauf, dass Sie die Hauptpunkte des Unterrichts erfassen. Falls Sie dies in der Länge der Veranstaltung nicht gleich fassen können, müssen Sie sich nach der Stunde intensiv mit dem Inhalt auseinandersetzen und die drei bis vier wichtigsten Aussagen herausarbeiten. Diese bilden dann den Kern Ihres Vortrags. Lassen Sie möglichst wenig Zeit bis zu dieser Arbeit verstreichen. Solange Ihre Erinnerung an die Unterrichtseinheit noch frisch ist, gelingt Ihnen diese Zusammenfassung meist sehr schnell. Wenn Sie zu lange warten oder sich gar erst kurz vor dem Referat, schlimmstenfalls vielleicht sogar unter Zeitdruck, daran zu erinnern versuchen, so wird das ganze Unterfangen ungleich schwerer. Zum anderen sollten Sie diesen Vortrag auf jeden Fall üben. Gerade weil Sie eben kaum Redezeit haben, aber in dieser kurzen Zeit vielleicht über 90 Minuten zusammenfassen müssen, sollten Sie keine unnötigen Ausschweifungen in der Rede zulassen. Dies klappt aber meist nur dann, wenn man sehr genau weiß, was man sagen will. Diese notwenige Routine bekommen Sie, wenn Sie den Vortrag mehrfach im Kopf durchgehen und besser noch mehrmals vortragen, im besten Fall vor Publikum, falls dies möglich ist.

Auch wenn es unangenehm und aufwändig sein sollte, sehen Sie diesen Vortrag als Chance. So gut werden Sie selten einen

Unterrichtsstoff aufbereiten und damit auch intensiv lernen. Bei einer späteren Prüfung können Sie davon ausgehen, dass Sie diesen Lernstoff bereits fertig gelernt haben und auch nicht so leicht wieder vergessen können. Zum anderen können Sie sicher sein, dass Sie diese Inhalte richtig verstanden haben. Falls Sie in dem Protokollvortrag Sachverhalte falsch darstellen, so wird Ihr Dozent Sie sicherlich hierin berichtigen.

Warum Referate eine Chance sind – Präsentation im Beruf

Referate werden von Studierenden oftmals als eine nervige Belastung gesehen, die man auf sich nimmt, um den „Schein" zu bekommen oder die Prüfung zu bestehen. Was dabei oft übersehen wird, ist, dass genau diese Tätigkeit bei den Meisten in ihrem späteren Berufsleben zu einer wichtigen Selbstverständlichkeit werden wird. Egal, ob Sie bei einer Abteilungsbesprechung den Stand der Dinge darstellen sollen, bei einer Projektbesprechung den Fortschritt der Arbeit oder bei einem Kunden Ihre Produkte erklären oder einem Lieferanten Ihr Unternehmen vorstellen sollen, immer wird von Ihnen erwartet, dass Sie eine kleine oder auch größere Präsentation halten können. Im beruflichen Alltagsleben sind aber genau diese Momente die hervorragende Chance, sich selbst zu zeigen, positiv aufzufallen und sich vielleicht für eine besondere Stelle oder eine bessere Position zu empfehlen. In Ihrer Studienzeit haben Sie die glückliche Chance, sich genau dafür vorzubereiten. Nutzen Sie diese!

Zur Person! Die Präsentation der eigenen Persönlichkeit   2.1.2

Eine spezielle Art der rhetorischen Herausforderung ist es, wenn Sie selbst als Redner und nicht ein inhaltliches Thema im Mittelpunkt Ihrer Rede stehen. Dies wird immer dann der Fall sein, wenn Sie sich für eine Stelle oder Position bewerben. Im Studium sind drei Fälle typisch für eine solche Situation: bei allgemeinen Aufnahme- und Zulassungsverfahren, bei der Bewerbung um eine wissenschaftliche Hilfs- oder Assistenzstelle und wenn Sie sich außerhalb der Hochschule für ein Praktikum bewerben. Sie sollten diese Bewerbungssituationen nutzen, da sie eine ideale Vorbereitungsmöglichkeit auf die spätere Bewerbung für einen Arbeitsplatz darstellen.

„Wer bin ich." – Die Rede zur eigenen Vorstellung

Die Frage, die Sie auffordert, sich selbst vorzustellen, werden Sie in Ihrem Leben immer wieder gestellt bekommen. Interessant ist, dass sich die Inhalte dessen, was Sie darauf sagen werden immer wieder ändern, die grundsätzliche Struktur prinzipiell jedoch gleich bleibt.

Grundsätzlich gehören zur Struktur einer jeden Rede die Begrüßung des Publikums, die Hinleitung zum Thema, die Nennung des Themas, die Darlegung der einzelnen Aspekte des Inhalts und ein abschließender Ausklang der Rede. In Ihrer Selbstvorstellung sollten Sie diesen grundsätzlichen Aufbau auch einhalten. Begrüßen Sie Ihre Zuhörer und leiten Sie anstatt zum Thema beispielsweise zu Ihrem Namen über. Je nach Situation, kann die Hinleitung in der Länge und Ausgestaltung variieren. Bei kurzen Statements genügt vielleicht schon ein „Guten Tag. Mein Name ist ...". Bei längeren Vorstellungen können Sie auch eine kleine Einführung, wie bei der Präsentation eines Themas verwenden.

Anstatt des argumentativen Inhalts stellen Sie nun Ihre Person vor. Dabei sollten Sie immer überlegen, was für Ihr Gegenüber wichtig und interessant sein könnte. So kann Ihre Herkunft und Schulausbildung für eine enge und dauerhafte Zusammenarbeit sinnvoll, für eine kurze Projektzusammenarbeit dagegen uninteressant sein. Mögliche Inhalte können sein:

- Ihre Herkunft
- Ihre Schulbildung
- Private Situation (z.B. Verheiratet)
- Freizeitaktivitäten, (z.B. Vereinsmitgliedschaften oder Hobbies)
- Vorlieben und Leidenschaften
- Berufliche Situation oder Studienrichtung

- Grund Ihrer Anwesenheit
- Persönliche Ziele für die Zusammenarbeit

Sie sollten Ihre Vorstellungsrede in verschiedenen Längen und
Ausprägungen einmal erstellen. Am besten erstellen Sie drei Varianten. Eine Kurzvorstellung (weniger als 30 Sekunden), eine
„normale" Vorstellungsrede (ca. 1-2   Minuten) und eine lange
Vorstellungsrede (ca. 3 – maximal 5 Minuten). Nehmen Sie diese
Beispielrede zum Anlass, das Erstellen von Reden und Redebei-
trägen zu üben. Tragen Sie diese Reden mehrfach laut, am besten
vor Freunden vor, die Ihnen eine qualifizierte Rückmeldung geben können. Da Sie diese Rede vermutlich in Ihrem Leben immer
wieder brauchen, sollten Sie sich auch immer wieder daran machen, die Inhalte dieser Rede zu überarbeiten und die Wirkung
der Rede zu verbessern. Damit Sie dies möglichst effizient in
Angriff nehmen können, empfiehlt es sich, die Reden auszuformulieren. Versehen Sie die jeweilige Version immer mit dem
aktuellen Datum und heben Sie die einzelnen Versionen über die
Jahre hinweg auf. Sie werden überrascht sein, wie sich die eigene
Vorstellung über die Zeit hinweg ändert.

Wenn es Ihnen gelingt, bauen Sie ruhig einige kleine Auflocke-
rungen in die Rede ein, wie zum Beispiel eine gut einprägsame
und amüsante Eselsbrücke für Ihren Namen oder eine unterhalt-
same Schilderung Ihrer Vorlieben. Vermeiden Sie allzu private
oder gar peinliche Details. Versuchen Sie nicht wie ein Komödiant
Ihr Publikum zu Lachsalven hinzureißen. Denken Sie daran, dass
diese Rede vielleicht der erste und bleibende Eindruck ist, den
jemand von Ihnen bekommt und da möchten Sie sicherlich nicht
als unseriöser Scherzkeks in das Gedächtnis der Anwesenden
eingehen. Überlegen im Vorfeld auch, was Sie auf keinen Fall
erzählen wollen! In der nervösen Anspannung der unbekannten
Situation der Vorstellung erzählt man manchmal Dinge, die man
lieber nicht oder erst zu einem späteren Zeitpunkt erwähnt hätte.

Wenn Sie Ihre drei Versionen der Rede erstellt haben, erstellen
Sie noch eine vierte Variante: eine Ultrakurzvorstellung. Bei die-

ser Variante sollten Sie maximal fünf kurze Sätze über sich selbst sagen. Hier ist besonders wichtig, dass Sie genau überlegen, welchen Inhalt Sie dafür auswählen. Bedenken Sie auch, dass Sie in der jeweiligen Vorstellungssituation eventuell noch die eine oder andere situationsbedingte Anpassung vornehmen müssen. Lernen Sie diese fünf Sätze auswendig und üben Sie deren Vortrag, so dass Sie diese fünf Sätze optimal vortragen können. Diese Sätze können Sie auch als Einstieg in eine Rede vor fremdem Publikum verwenden. Es fällt Ihnen vielleicht leichter mit diesen vertrauten Inhalten eine Rede zu beginnen und Sie können damit einfacher in den für die weitere Rede notwendigen Redefluss gelangen.

Aufnahmetests: Der Einstieg ins Studium

In den mittlerweile überall eingeführten Bachelor- und Masterstudiengängen ist es üblich, dass die Universitäten und Fachhochschulen zumindest einen Teil der Bewerber selbst auswählen dürfen. Meist sind diese Auswahlverfahren bereits standardisiert. Wenn sich viele Bewerber auf die Studiengänge bewerben, so wird eine Vorauswahl in den häufigsten Fällen in Form eines schriftlichen Eignungstests durchgeführt. Abgefragt werden dann generelle Wissens- und Begabungsbereiche. Das nötige basale Grundlagenwissen, wie zum Beispiel in den Bereichen Mathematik, Rechtschreibung und Allgemeinwissen sollte mit der allgemeinen Schulbildung und einem interessierten Zeitungslesen gut abgedeckt sein. Die Motivation des Bewerbers lässt sich hingegen meist schwerer messen. Für diesen Zweck leisten sich viele Hochschulen den Aufwand für ein mündliches Vorstellungsgespräch der Bewerber bei dem jeweiligen Fachbereich. Je kleiner der Studiengang, desto höher ist die Wahrscheinlichkeit, dass diese Vorstellung sogar den gesamten schriftlichen Fragenteil ersetzt. Bei Aufbaustudiengängen oder Direktbewerbungen auf Masterstudiengänge sind mündliche Eignungsprüfungen sogar eher die Regel.

Vorbereitung auf mögliche Inhalte und Fragen

Auf eine Frage können Sie sich in jedem Fall einstellen: „Warum möchten Sie XY studieren?" Mit dieser oder einer so ähnlich gestellten Frage wird man versuchen herauszufinden, welche Motivation Sie dazu treibt, sich ausgerechnet bei dieser Hochschule, an dieser Fakultät oder in diesem Fachbereich zu bewerben. Wenn die Frage gestellt wird, sollten Sie eine möglichst gute und ehrliche Antwort vorbereitet haben. Ein kleiner Hinweis zur Ehrlichkeit: Auch wenn es nicht so sein sollte, gibt es immer wieder Studierende, die studieren wollen, beziehungsweise einmal damit angefangen haben, weil ihnen zum Beispiel „nichts besseres eingefallen ist" oder weil „mein Vater oder meine Mutter dies wollte" oder Ähnliches. Sollten Sie zu dieser Gruppe gehören, fragen Sie sich ernsthaft, ob Sie all die Mühe und Zeit der nächsten Studienjahre auf sich nehmen wollen. Wenn ja, und es ist Ihnen dennoch keine bessere Motivation für das Studium eingefallen, dann sagen Sie dies nicht als Begründung, wenn Sie den Studienplatz erhalten wollen. Kein Dozent oder Professor ist darüber erfreut, Studierende in seinem Studiengang zu haben, die das Fach nur studieren, weil Ihnen nichts Besseres eingefallen ist.

Folgende Fragen sollten Sie im Vorfeld bereits für sich geklärt haben:

- „Warum wollen Sie diese Fachrichtung studieren?" (Interesse, Vorerfahrungen, Zielsetzungen)
- „Warum wollen Sie diese Fachrichtung ausgerechnet an dieser Hochschule studieren?" (Beachten Sie dazu zum Beispiel den Internetauftritt der Fakultät / Hochschule)
- „Warum denken Sie, dass Sie geeignet sind, dieses Fach zu studieren?" (Welche Qualifikationen und Fähigkeiten benötigt man, auch für das Leben nach dem Studium?)
- „Was wollen Sie nach dem Studium machen?" (Welche Zielsetzung haben Sie für Ihr Studium?)

Denken Sie daran, dass man keine fertigen Absolventen sucht. Vielmehr ist man daran interessiert, welches Potenzial Sie haben, um das, was man Ihnen im Studium beibringen will, bestmöglich anzunehmen und anzuwenden. Dazu benötigen Sie bestimmte Grundvoraussetzungen, aber keine perfektionierte Kunstfertigkeit. So muss ein Bewerber in designorientierten Studiengängen sicherlich Grundfertigkeiten im Zeichnen haben, wie diese Fähigkeiten aber dann in der jeweiligen Studienrichtung angewendet werden ist ja Teil des Inhalts des Studiums. Sie können einen guten Eindruck dieser geforderten Fähigkeiten über das Informationsmaterial der jeweiligen Studienrichtung erhalten. Meist finden Sie im Internetauftritt einen direkten Link für Bewerber, der Sie mit allen nötigen Informationen versorgt.

Der erste (wissenschaftliche) Job im Studium

Eine Beschäftigung am Lehrstuhl ist für viele Studierende eine besondere Herausforderung und eine große Chance zugleich. Immerhin begibt man sich in ein richtiges Beschäftigungsverhältnis. Wie mit jedem Beschäftigungsverhältnis sind damit Pflichten und Rechte, Chancen und Gefahren verbunden. Bei allem was hier an Überlegungen im Folgenden geschildert wird, bedenken Sie immer, dass es bei der Anstellung als wissenschaftliche Hilfskraft jeder weiß, dass Sie Studierender sind. Prüfen Sie also gewissenhaft die wichtigen Faktoren, gehen Sie aber gleichzeitig mit einer gehörigen Portion Selbstbewusstsein und Vertrauen in die Situation. Schließlich haben schon Generationen von Studenten Ähnliches sehr gut bewältigt.

Vorüberlegungen: Soll ich's wirklich wagen?

Es arbeiten nicht nur fest angestellte Dozenten und Professoren oder Verwaltungsmitarbeiter an einem Institut, Lehrstuhl oder einem Fachbereich einer Hochschule. Auch eine Vielzahl von Studierenden ist bei der Uni angestellt. Diese arbeiten zumeist für einen Professor an einem Lehrstuhl. Die möglichen Tätigkeiten, die dabei übernommen werden können, sind sehr vielfältig und können vom einfachen Kopieren von Skripten bis hin zum vorbereitenden Schreiben wissenschaftlicher Texte reichen. Häufig sind es auch Tätigkeiten, die mit dem Lehrbetrieb zu tun haben, wie zum Beispiel die Recherche von Literatur für eine geplante Vorlesung oder eine Fachpublikation oder auch organisatorische Aufgaben im Rahmen der Lehrveranstaltung. Es kann auch sein, dass Sie bei der Organisation einer wissenschaftlichen Veranstaltung, wie beispielsweise einem Kongress oder einer Tagung mithelfen können. Eine Tätigkeit, die mit einem solchen Engagement verbunden sein kann, ist als Tutor jüngere Studierende auf eine Prüfung vorzubereiten. So werden Übungen in bestimmten Fachbereichen fast vollständig von wissenschaftlichen Hilfskräften (die die Prüfung bereits bestanden haben) übernommen.

Die Vorteile einer solchen Tätigkeit liegen auf der Hand. Sie können sich durch den engen Kontakt mit den Professoren und den anderen in der Lehre und Forschung Beschäftigten viel intensiver und umfassender in die jeweilige Wissenschaftsthematik hineinarbeiten. Auch werden Sie das Gespräch und die Diskussion mit diesen Personen zu einem tieferen Verständnis Ihres Studienfachs bringen. Wenn Sie Ihre Zukunft in der Wissenschaft sehen, kann eine solche Beschäftigung ein erster Schritt sein, die notwendigen Kontakte für Ihre gewünschte spätere Tätigkeit zu knüpfen. Die meisten Professoren verfügen zudem auch über gute Kontakte in andere relevante Berufszweige hinein, sodass es sich später zuweilen wortwörtlich auszahlen kann, hier einen guten Eindruck zu hinterlassen. Überdies werden Sie Fähigkeiten und Wissen, wie zum Beispiel zur Organisation von Veranstaltungen oder der eigenen Arbeitsoptimierung erlangen, die Sie in jedem späteren Berufsfeld gebrauchen können. Eine solche Tätigkeit können Sie natürlich in Ihrem Lebenslauf als eine weitere Qualifikation, die Sie von anderen Bewerbern positiv unterscheidet, gut erwähnen.

Obwohl die Vorteile einer solchen Tätigkeit auf der Hand liegen, sollte man sich ein paar Minuten Gedanken über die damit verbundenen möglichen Nachteile und Gefahren machen. Die erste Frage, die Sie sich stellen sollten ist, wann Sie die Tätigkeit als wissenschaftliche Hilfskraft in Ihr Studium am besten einbinden können. Eine solche Tätigkeit umfasst häufig eine gewisse fixe Anzahl an Stunden, die Sie im Büro ableisten müssen. Dies müssen Sie neben Ihrem bisherigen Studienleben organisieren. Nun haben die Personen, die Sie als Hilfskraft engagieren, dies natürlich schon sehr oft gemacht und wissen um die Nöte und Zwänge, die einen Studierenden plagen. So hat man meist Verständnis dafür, wenn Sie im Prüfungszeitraum nur bedingt bereit sind, Überstunden zu machen. Dennoch müssen Sie über das gesamte Semester hinweg Leistungen für Ihr Studium, wie Referate und Hausarbeiten erbringen. Ihre Arbeit am Lehrstuhl kommt dann zusätzlich hinzu.

Ein weiterer Aspekt, den Sie bedenken sollten, ist die Höhe des Entgelts für Ihre geleisteten Stunden. Dieses Entgelt ist von der Universität oder vom Bundesland festgelegt und meist nicht besonders hoch. Bei einem vergleichbaren Job in einem privatwirtschaftlichen Unternehmen wird man als Werksstudent vermutlich einen besseren Stundenlohn erhalten.

Auch sollten Sie sich fragen, ob Sie für Ihr späteres Leben tatsächlich hierbei die Qualifikationen und Kontakte bekommen können, die Sie tatsächlich benötigen. Wenn Sie keine akademische Karriere anstreben, kann es durchaus sinnvoll sein, lieber eine Tätigkeit als Werksstudent in einem Unternehmen oder einer anderen Organisation zu übernehmen.

Eine Gefahr, die bei allen beruflichen Tätigkeiten, die neben dem Studium abgeleistet werden auftreten können, ist, dass Ihr Engagement dabei einen zu großen Umfang einnimmt und Ihren Studienabschluss beeinträchtigt. In vielen Studiengängen werden Sie lange Zeit keine Rückmeldung über Ihre eigenen Leistungen erhalten. So stehen Prüfungen meist erst am Ende eines Semesters oder gar erst am Ende des ganzen Studiums an. Auch Referate und Hausarbeiten sind immer nur punktuelle Rückmeldungen. Selbstverantwortlichkeit ersetzt im Studium fast vollständig die „Bemutterung" während der Schulzeit. Eine berufliche Tätigkeit bietet da ganz andere Rückmeldungen. Man wird gebraucht, sieht unmittelbarer was man geleistet hat und erhält stetige Rückmeldung über die Qualität der eigenen Leistung. Es liegt in der Natur des Menschen, einer solchen Tätigkeit mehr Aufmerksamkeit zu schenken. Leider nutzen dies manche Arbeitgeber und einige Professoren aus. Achten Sie deshalb darauf, dass in Ihrer Prioritätenliste zuerst Ihr Studium kommt und dann erst all die Tätigkeiten, die neben dem Studium liegen. Werden Sie aufmerksam, wenn Sie mehr als die vereinbarte Zeit arbeiten oder Sie Ihre Studienziele, wie zum Beispiel bestimmte Scheine und Prüfungen bis zu einem bestimmten Semester zu erlangen, nicht mehr erreichen oder sie gefährdet scheinen.

Vorbereitung: Jede Information kann wichtig sein

Versuchen Sie im Vorfeld so viele Informationen bezüglich der gewünschten Stelle zu bekommen, wie es nur möglich ist.

Zuerst sollten Sie sich bemühen, die genauen Rahmendaten und Voraussetzungen für die eigentliche Stelle in Erfahrung zu bringen.

- Wie viele Stunden sollen Sie arbeiten?
- Zu welchem Stundensatz?
- Sind die Zeiten fixiert oder können Sie Ihre Arbeitszeit flexibel ableisten?
- Was werden Ihre Hauptaufgaben sein?
- Welche Voraussetzungen / Qualifikationen / Kenntnisse / Fähigkeiten werden vorausgesetzt? (zum Beispiel Fremdsprachenkenntnisse, EDV-Kenntnisse, ...)

Versuchen Sie als nächstes möglichst viele Informationen über Ihren potentiellen Chef, also in der Regel Ihren Professor zu erhalten. Immerhin ist er meist derjenige, der die letztendliche Entscheidung über die Zu- oder Absage für Ihre Beschäftigung fällen wird und mit dem Sie in der Folgezeit zusammenarbeiten dürfen bzw. müssen.

- In welchem Bereich liegt der Schwerpunkt seiner Forschung und Lehre?
- Welche Publikationen hat er zuletzt veröffentlicht beziehungsweise was ist das aktuelle Forschungsgebiet?
- Wie geht er mit seinen Mitarbeitern um? (Am besten suchen Sie mit Mitarbeitern aus dem engeren Umfeld das Gespräch.)

- Welchen Umgangston pflegt er oder wird von seinen Mitarbeitern verwendet?
- Gibt es eine Art Konvention oder eine Art gewünschtes Auftreten bezüglich Kleidung, Frisur, Schminke etc.?

Als dritten Aspekt versuchen Sie die Fragen zu beantworten, die man Ihnen in einem Vorstellungsgespräch stellen könnte.

- Was sind Ihre Stärken und Schwächen in Bezug auf die Stelle? (Selbstbild)
- Warum denken Sie, dass Sie geeignet sind für diese Stelle? (Qualifikation)
- Warum möchten Sie diese Stelle haben? (Motivation)
- Haben Sie sich bereits einmal für eine Stelle beworben? Wenn ja, was könnten Sie dieses Mal im Vorstellungsgespräch besser machen? (Erfahrungen)
- Fragen Sie ein, zwei andere von der Stellenausschreibung nicht betroffene Personen, wie diese Sie einschätzen und beschreiben würden. (Fremdbild)

Bewerbungsarten: Wie krieg ich den Job?

Um die Stelle nun zu bekommen, sind viele Wege gangbar. Ähnlich wie bei der Bewerbung auf einen normalen Arbeitsplatz oder auch auf Stellen für Praktika gibt es für Stellen an der Hochschule ganz reguläre Aushänge und Werbemaßnahmen. Meist finden sich solche Stellenangebote am Schwarzen Brett des Lehrstuhls oder des Fachbereichs oder der entsprechenden Homepage. Manchmal können Ihnen die studentischen Fachschaften weiterhelfen. Ein formelles Bewerbungsschreiben mit ausgefeiltem Anschreiben, Lebenslauf und Zeugnissen ist in den meisten Fällen zunächst nicht nötig. Generell reicht eine formlose Anfrage im jeweiligen Sekretariat und ein Vorstellungsgespräch beim jeweiligen Professor. Richten Sie sich aber in jedem Fall nach den Anforderungen der Stellenausschreibung, so sie zu den Bewerbungsformalia Auskunft gibt.

Eine andere Form der Bewerbung ist es, selbst die Initiative zu ergreifen und beim Lehrstuhl oder gar direkt beim Professor nachzufragen, ob er Bedarf an einer wissenschaftlichen Hilfskraft hat. Sie sollten aber vorher bei den Mitarbeitern des Lehrstuhls oder des Fachbereichs informell anfragen, ob es den generellen Bedarf gibt. Es wäre schade, wenn Sie den Aufwand betreiben, einen Termin bei Ihrem Professor zu bekommen, nur damit dieser Sie direkt wieder nach Hause schickt. Wichtig ist aber, dass Sie mit diesem Verfahren in den engeren Kreis der Kandidaten gelangen, der für die nächste freie Stelle infrage kommt. Manchmal braucht man einfach Geduld und einen langen Atem, um zum Erfolg zu kommen.

Eine weitere Variante, die häufig angewendet wird, ist, sich indirekt für die Stelle zu empfehlen. Zum einen können Sie versuchen, durch besondere studentische Leistungen aufzufallen. Zum anderen können Sie sich über Dritte, wie zum Beispiel die bisherigen wissenschaftlichen Hilfskräfte, bei dem Professor empfehlen lassen. Dieser Weg ist durchaus sehr sinnvoll, da die Fluktuation bei den wissenschaftlichen Hilfskräften sehr hoch ist. Fast jedes Semester werden Stellen neu besetzt. Die Studenten, die ihre Beschäftigung aufgeben, wissen dies normalerweise schon lange bevor der jeweilige Professor dies wahrnimmt und können daher sehr gut eine Empfehlung für ihre Nachfolge geben. Die Professoren sind über solche Nachfolgeempfehlungen meist sehr erfreut, da dies die Neubesetzung der Stelle vereinfacht und beschleunigt.

Unabhängig davon, welche Variante Sie für Ihren Fall anwenden wollen, Sie müssen irgendwann den Kontakt im persönliche Gespräch mit Ihrem zukünftigen potentiellen Chef suchen.

Das Vorstellungsgespräch

Im Gespräch selbst können Sie die Tipps, die generell für Vorstellungsgespräche gegeben werden berücksichtigen. Erste Grundregel: Bei allen Tipps, die man für dieses Gespräch geben kann, seien Sie auf jeden Fall freundlich und höflich und bleiben Sie immer Sie selbst! Versuchen Sie nicht, eine Rolle zu spielen. Wenn man bei dieser Bewerbung dieses Verhalten vielleicht noch mit Nervosität entschuldigt, ist bei einer Bewerbung um einen späteren langfristigen Arbeitsplatz dies unter Umständen das „Killerkriterium". Immerhin will man Sie als Sie selbst und nicht eine gespielte Rolle kennenlernen.

Wenn Sie bei Ihrem Professor und hoffentlich zukünftigen Chef vorstellig werden, seien Sie auf jeden Fall pünktlich. Zwar ist es ein Akt der selbstverständlichen Umgangsformen, dass auch ein Professor Termine einhalten sollte, allerdings kann immer etwas dazwischen kommen. Lassen Sie sich davon einfach nicht irritieren. Klopfen Sie selbstbewusst an die Tür des Professors, treten Sie nach Aufforderung ein und stellen Sie sich mit Ihrem vollen Namen vor. Wenn man Ihnen die Hand reicht, reagieren Sie mit einem angemessen kräftigen Handdruck (ungefähr so stark, wie Ihr gegenüber). Setzen Sie sich erst nach Aufforderung hin.

Im Gespräch sollten Sie aufmerksam zuhören. Gut ist es, wenn Sie bereits vorbereitete Fragen dabei haben. Warten Sie ab, ob Ihr Gegenüber die Fragen von sich aus beantwortet. Falls Fragen offen sind, stellen Sie diese dann später im Verlauf des Gesprächs. Wenn Sie zunächst nicht zu Wort kommen, lassen Sie sich nicht irritieren, viele Professoren sind Vielredner und dominieren grundsätzlich den Gesprächsverlauf. Ihr Gegenüber wird Ihnen vermutlich sehr schnell zu verstehen geben, ob Sie für die Stelle in Frage kommen oder nicht. Falls Sie etwas nicht verstehen, fragen Sie höflich, aber bestimmt nach. Es ist besser nachzufragen, als dass Sie mit verunsichertem Blick dasitzen. Versuchen Sie den Blickkontakt mit Ihrem Gegenüber zu halten. Blicken Sie ihn interessiert an, aber starren Sie nicht. Achten Sie auf Ihr Sprechtempo, in der Aufregung kann es leicht einmal passieren, dass Sie viel zu schnell sprechen. Wählen Sie einen angemessenen Sprachstil. Versuchen Sie sachlich, ohne besondere Gefühlsbetonung, klar und deutlich zu sprechen. Verwenden Sie nur Fachausdrücke, deren Bedeutung Sie wirklich kennen. Denken Sie daran, dass Ihr Gesprächspartner einen wesentlich höheren Bildungsstand hat als Sie und die richtige Bedeutung der Worte sicherlich kennt.

Der erste richtige Job – Was ist anders?

Der große Unterschied besteht in der Langfristigkeit der Anstellung. Während Sie bisher für ein oder zwei Semester eine Anstellung bekommen haben, sollen Sie nun in ein Arbeitsverhältnis für viele Jahre eintreten. Die prinzipiellen Rechte und Pflichten eines Arbeitnehmers, wie beispielsweise Verschwiegenheitsplichten oder das Anrecht auf Urlaub haben Sie auch als angestellte wissenschaftliche Hilfs- oder Assistenzkraft. Für eine richtige Bewerbung sollten Sie eine Recherche in der zum Teil sehr umfangreichen Fachliteratur vornehmen. Informieren Sie sich auch an Ihrer Hochschule. Vielerorts werden qualitativ sehr hochwertige Seminare zum Thema „Bewerben für Akademiker" angeboten.

Für Ihre Vorbereitung verändert sich vornehmlich, dass Sie nun zusätzlich andere Informationskanäle benutzen können. So stehen Ihnen viele Wege zur Stellensuche, wie zum Beispiel Zeitung, Arbeitsagenturen oder das Internet zur Verfügung, aber die Informationsbeschaffung bezüglich Ihres neuen Arbeitgebers wird meist auch komplizierter. Schon allein aus dem Umstand heraus, dass Sie sich bei der Bewerbung bei einem Unternehmen oftmals bei einem Personalverantwortlichen vorstellen müssen. Ihr eigentlicher Arbeitsplatz ist aber dann bei ganz anderen Personen. Daher ist es wichtig, dass Sie viel mehr Informationen über das Unternehmen, dessen Stellung im Markt und dessen Produkte in Erfahrung bringen.

Der nächste Unterschied ist, dass Sie sich meist mit vielen anderen auf eine Stelle bewerben. Da das Unternehmen oder die jeweilige Organisation, bei der Sie sich bewerben, eine Vorauswahl treffen muss, müssen Sie bei einer solchen Bewerbung viel mehr Wert auf eine formell korrekte und ansprechende Bewerbung mit einem guten Anschreiben, lückenlosem Lebenslauf und Nachweisen von etwaigen Qualifikationen legen.

Mit dem Mehr an Formalia stehen Ihnen aber auch eine Vielzahl von weitergehenden Rechten zu. So haben Sie zum Beispiel ein Anrecht darauf, dass unter bestimmten Bedingungen Ihre Fahrkosten zu einem Bewerbungsgespräch übernommen werden.

Der Verlauf und Inhalt eines Vorstellungsgesprächs wird sich auch ändern. Zum einen werden vielleicht für Sie neue Aspekte Ihres Lebens erfragt. So ist es für einen zukünftigen Arbeitgeber interessant zu erfahren, wie Ihre generelle Mobilität ist, wie Sie zu einem eventuellen Einsatz im Ausland stehen, wie Sie mit Misserfolgen umgehen, wie Sie sich Ihre Weiterbildung vorstellen und wie Ihre generelle Karriere- und Lebensplanung der nächsten Jahre aussieht. Fragen, die Sie besonders interessieren, werden sind unter vielen anderen Punkten sicherlich die Dauer Ihrer Probezeit, Ihre Gehaltschancen (Jahreseinkommen), etwaige Sonderleistungen oder eine betriebliche Altersversorgung.

Ein eher ungünstiger, möglicherweise frustrierender Unterschied zur Bewerbung um universitäre Stellen und Praktika sind die damit verbundenen geringeren Erfolgschancen. Wenn sich auf manche Stellen hunderte Bewerber gleichzeitig bewerben, aber nur ein Bewerber genommen werden kann, ist nicht verwunderlich, dass zu den Bewerbungen auch immer Absagen gehören. Wichtig ist dabei, dass Sie aus den Absagen lernen und bei einer Absage aktiv nachfragen, warum Sie die Stelle nicht bekommen haben und was Sie bei Ihrer nächsten Bewerbung besser machen können. Denken Sie daran, kein guter Redner ist bereist perfekt zur Welt gekommen, alle mussten viel in ihrem Leben dazulernen und sich stets verbessern.

Miteinander reden! Gesprächssituationen im Studium   2.2

Was erwartet Sie nun in diesem Kapitel? Wir beschäftigen uns zunächst mit Ihren Möglichkeiten, sich in den universitären Alltagsveranstaltungen wie Seminaren oder Vorlesungen wirkungsvoll einbringen zu können und was Sie dabei berücksichtigen müssen. Daran schließt sich ein Abschnitt zur optimalen Gestaltung Ihres Besuchs bei Dozenten in der Sprechstunde an. Alles, was Sie rund um das Thema Teamwork im Studium wissen müssen, natürlich unter rhetorischer Perspektive, folgt im nächsten Abschnitt. Dabei werden auch die Fragen behandelt, wie Referats- oder Lerngruppen effektiv arbeiten können, wie man mit Konflikten in Gruppen umgehen kann und welche Aufgaben die Gruppenleitung übernehmen sollte. Ergänzt werden diese Ausführungen durch Exkurse zur immer wichtigeren Kommunikation per E-Mail und zum Umgang mit Diskussionsforen im Internet.

Prüfungen sind natürlich auch Gesprächssituationen, diese sind aber für das studentische Leben von so großer Wichtigkeit und weisen zudem darüber hinaus einige besondere Merkmale auf, sodass diese in einem eigenen Abschnitt behandelt werden.

Was können Sie leisten? Beiträge im Seminar und in der Vorlesung   2.2.1

Das tägliche Brot eines jeden Studenten sind die Vorlesungen, Seminare und Übungen, die es meist wöchentlich zu besuchen gilt. Die meiste Zeit geht es darum, vorgetragene Inhalte aufzunehmen, zu verstehen und zu verarbeiten. Je nach Unterrichtsform bieten sich aber auch immer wieder verschiedene Gelegenheiten mit eigenen Beiträgen Ihr Wissen zu erweitern oder zu demonstrieren sowie Präsenz und Engagement zu zeigen.

Rhetorisches Handeln ist immer strategisches Handeln. Dass heißt, Sie versuchen als Redner klare Ziele zu erreichen, die Sie vorher definiert haben. Nehmen Sie sich zu Semesterbeginn ein wenig Zeit und überlegen Sie sich für Ihre Veranstaltungen dieses Semesters Ihre jeweiligen Zielvorstellungen. Wollen Sie lediglich ohne großen Aufwand einen Leistungsnachweis bekommen? Oder geht es Ihnen in dieser Vorlesung darum, einen Professor, den Sie sich als Prüfer vorstellen können, noch einmal in seinem Spezialgebiet kennenzulernen? Was wollen Sie lernen und was wollen Sie darüber hinaus z.b. beim Professor erreichen? Halten Sie Ihre Vorstellungen kurz schriftlich fest und überprüfen Sie spätestens am Ende des Semesters, ob Sie auch Ihre Ziele erreicht haben. Machen Sie sich aber auch während des Semesters immer wieder klar, was Sie mit der einzelnen Veranstaltung erreichen wollen. Das erleichtert Ihnen die richtige Prioritätensetzung und das notwendige Engagement.

Dass rhetorischer Erfolg immer von der Situation abhängig ist, wurde bereits betont. Was heißt das aber konkret für Sie im alltäglichen Studium? Eine wichtige Dimension der Situationsabhängigkeit der Rhetorik ist, dass Sie sich, bevor Sie zur Tat schreiten, die jeweiligen Rahmenbedingungen klar machen sollten: Mit wem haben Sie es zu tun? Was wollen Sie eigentlich gerade erreichen? Und wie können Sie Ihren Zielen näher kommen?

Im Folgenden werden Ihnen die wichtigsten Faktoren, von denen Ihr rhetorischer Erfolg im Studium abhängt, dargestellt: Der Dozent, die möglichen eigenen Beiträge und die üblichen Verhaltensweisen in unterschiedlichen Veranstaltungen.

Der Dozent – Worauf es zu achten gilt   2.2.2

Die zentrale Figur im Leben eines Studenten ist der Dozent. Er vermittelt nicht nur Wissen, sondern er ist auch derjenige, der über Erfolg oder Misserfolg im Seminar oder im ganzen Studium entscheidet. Über aufmerksame Studenten, großes Engagement und Eigeninitiative sowie über intelligente Beiträge freuen sich eigentlich alle Dozenten. Doch hat jeder Lehrende mit der Zeit seine eigenen Herangehensweisen und eigene Maßstäbe zur Bewertung von studentischer Leistung entwickelt, die Sie berücksichtigen sollten, wenn Sie bei dieser Professorin oder jenem Privatdozenten erfolgreich sein wollen.

Führen Sie ein kleines „Dozentenverzeichnis", in dem Sie Ihre wichtigsten Beobachtungen kurz notieren. So können Sie im Laufe Ihres Studiums Ihre Leistungen in den Seminaren besser an den Dozenten ausrichten, Ihre Seminare zielgenauer aussuchen und haben eine sehr gute Basis an Kenntnissen für die Abschlussprüfung. Folgende Fragen können Sie dabei berücksichtigen:

- Wie ist das persönliche Verhältnis zwischen dem Dozenten und mir? Hat er mich wahrgenommen? Ist das Verhältnis eher von Sympathie oder Antipathie geprägt? Hat der Dozent eine wohlwollende oder eher kritische Haltung gegenüber meinen Beiträgen?
- Welches Schwierigkeitsniveau haben die Veranstaltungen dieses Dozenten? Ist es eher einfach gute Noten zu bekommen oder ist die Veranstaltung enorm anspruchsvoll?
- Wie lehrreich sind die Veranstaltungen des Dozenten? Kann er den Stoff gut vermitteln? Werden die Grundlagen und die Zusammenhänge gut dargestellt?
- Welche besonderen inhaltlichen Schwerpunkte oder Thesen vertritt er?
- Welche Arten von Beiträgen kommen bei dem Dozenten besonders gut an und auf welche sollte man eher verzichten?
- Welche Maßstäbe legt der Dozent für die Bewertung an? Was ist ihm besonders wichtig bei Prüfungen?
- Kommt der Dozent als Prüfer für größere Prüfungen oder gar die Abschlussprüfung in Frage?

Melden Sie sich zu Wort durch Fragen, Aussagen und Antworten!   2.2.3

Grundsätzlich gibt es drei wichtige Arten von Beiträgen, die Sie im Studium liefern können: Sie können Fragen stellen, Aussagen machen oder Antworten geben. Als nächstes geht es darum, Ihnen die unterschiedlichen Varianten und Anwendungsmöglichkeiten dieser Kommunikationsformen näher zu bringen. Denn: Je größer Ihr Wissen um die verschiedenen Kommunikationsmöglichkeiten ist, desto leichter fällt es Ihnen, im passenden

Moment das Richtige zu sagen und sich von der Masse abzuheben.

Die Voraussetzung für alle Beitragsarten ist das aufmerksame Zuhören. Aufmerksames Zuhören meint in diesem Kontext zunächst einmal, dass Sie dem Fortgang der Veranstaltung aufmerksam folgen. Auch wenn die Verlockung zuweilen sehr groß sein mag, lieber mit dem Nachbarn zu tuscheln oder die Bundesligaergebnisse vom Wochenende noch einmal im Geiste durchzugehen, konzentrieren Sie sich auf die Inhalte der Veranstaltung. Machen Sie sich Notizen über wissenswerte neue Details und Argumente oder Definitionen. Notieren Sie aber auch unklare Begriffe und Sachverhalte, um Sie entweder in der Stunde oder später zu Hause zu klären. Wenn Ihnen Fragen oder weiterbringende Assoziationen beim Zuhören kommen, sollten Sie diese auch festhalten, damit Sie sie nicht vergessen und den Kopf wieder frei bekommen. Mit dieser Vorbereitung können Sie wesentlich leichter gute Beiträge leisten und Äußerungen am Thema vorbei vermeiden.

Wenn Sie für einen längeren Aufenthalt in ein fremdes Land gehen, dann werden Sie sich bemühen, so schnell wie möglich die neue Sprache zu erlernen. Nur so können Sie vollständig am Leben in der neuen Gemeinschaft teilnehmen, die täglichen Herausforderungen meistern, mitdiskutieren und sich einbringen. Was für die Fremdsprachen wie selbstverständlich gilt, wird zuweilen im Studium verkannt: Das Erlernen der neuen (Fach-)Sprache ist der Schlüssel zum Erfolg in der neuen Gemeinschaft!

Sie sollten am Anfang Ihres Studiums einige Zeit darauf verwenden, sich das sprachliche Instrumentarium des Fachs anzueignen. Das wichtigste Handwerkszeug sind dabei die präzisen Begrifflichkeiten. Es geht darum, einzelne Begriffe und Redewendungen wie Vokabeln einer Fremdsprache zu lernen und dann in der Praxis anzuwenden. Die Hauptquellen für Ihre Fachvokabeln sind die einschlägigen Fachbücher und Ihre Dozenten. Suchen Sie gezielt nach Definitionen und scheuen Sie sich nicht, auch das eine oder andere Fachlexikon zu benutzen, um Ihren Wortschatz auszubauen. Um Peinlichkeiten zu vermeiden, nutzen Sie nur

Fremdworte, deren Inhalt und Bedeutung Sie im jeweiligen Kontext wirklich kennen.

Aber Vorsicht: Fachsprache zu benutzen heißt nicht, sich in einem Reigen von allen möglichen und unmöglichen Fremdworten zu ergehen! Die Verständlichkeit Ihrer Ausführungen ist die oberste Voraussetzung für Ihren Erfolg!

Frage

Die wahrscheinlich häufigste und wichtigste Art des Beitrags im Studium ist die Frage. Mit ihr kann man sich Wissen verschaffen, aber auch Wissen zeigen und die Positionen Anderer ins Wanken bringen. Grundsätzlich lässt sich jede Aussage auch in eine Frage umformulieren. Versuchen Sie Ihre Fähigkeit, gute und treffende Fragen zu stellen, während Ihres Studiums zu optimieren. Sie werden feststellen, dass dies gar kein so leichtes Unterfangen ist. Denn häufig wird bei der Betrachtung von Fragen davon ausgegangen, dass nur der Unwissende Fragen stellt, um diese Wissenslücken getreu nach dem Sesamstraßen-Motto „Wer nicht fragt bleibt dumm" zu füllen. Für viele und vor allem gute Fragen ist aber ein tiefes Verständnis der Materie vonnöten. So kann es beispielsweise erforderlich sein, um zu guten Fragen zu kommen, komplexe Sachverhalte zu analysieren, auch nicht offensichtliche Zusammenhänge herzustellen, durch Assoziationen und Kreativität neue Felder zu erschließen, Grenzen einer These oder Schwachstellen in Argumentationen festzustellen. Alles keine leichten Aufgaben, die ein großes Vorwissen und einen scharfen analytischen Blick erfordern. Verfolgen Sie also stets aufmerksam die Ausführungen anderer Studenten und Ihrer Dozenten und überlegen Sie sich dazu kritische oder weiterführende Fragen. So wird Ihnen auch bei durchschnittlichen Vorträgen nicht langweilig und Sie trainieren quasi nebenbei Ihre Fragekompetenz.

Eine besonders ergiebige Frage ist das simple „Warum?". Mit diesem einfachen „Warum?", welches wir alle noch aus Kindertagen zur Genüge kennen, lassen sich besonders gut Begründungen und Prämissen erfragen und Zusammenhänge durchleuchten. Um diese Frage dreht sich letztlich jede Wissenschaft! Wissen-

schaft ist nichts anderes als die Suche nach plausiblen und belast-
baren Antworten auf Fragen wie „Warum existiert der Sachverhalt
x?", „Warum besteht dieser Zusammenhang zwischen a und b?",
oder „Warum hat y die Beschaffenheit g?". Neben dem „Warum?"
sind auch die anderen so genannten „W-Fragen", wie Wer? Wann?
Welche? Wie? Wo? usw. im Einzelfall sehr hilfreich. Natürlich hat
jede Fachrichtung eigene, spezifische Fragestellungen und greift
auch unterschiedlich stark auf einzelne Frageformen zurück.
Überlegen Sie, welche Fragen Ihr Fach immer wieder bewegten
und welche Fragen Sie eigentlich besonders interessieren. Sammeln Sie im Laufe Ihres Studiums diese Fragen. Aus diesem
Fundus können Sie dann nicht nur in den einzelnen Seminaren
schöpfen, sondern sich auch bei Ihrer Abschlussarbeit daran machen, die eine oder andere geeignete Frage versuchen zu klären.

Des Weiteren lassen sich noch andere Fragetypen unterscheiden. Eine Auswahl der wichtigsten Fragetypen für den normalen
Gebrauch im Studium finden Sie im Anschluss. Erweitern Sie
Ihren Fragenschatz, indem Sie aufmerksam Form und Inhalt von
Fragen im Studium und im Alltag beobachten und neue Frageformen für sich schriftlich festhalten und immer wieder ausprobieren.

Verständnisfrage

Die Verständnisfrage dient der Klärung von offenen Punkten.
Dies ist z.B. erforderlich, wenn Sie einen Punkt nicht verstanden
haben, der Dozent nur oberflächlich einen Sachverhalt geschildert
hat oder Sie im Selbststudium auf eine für Sie unlösbare Frage
gestoßen sind. Gerade wenn auch andere Kommilitonen ähnliche
Schwierigkeiten in dieser Situation haben, ist eine solche Frage
sehr verdienstvoll. Manche Dozenten setzen einfach ein zu großes
Maß an Vorwissen voraus und sind dankbar für entsprechende
Rückmeldungen.

Übliche Formen sind „Können Sie erläutern, was Sie mit xy
meinten?", „Was heißt in diesem Zusammenhang eigentlich
xyz?" oder „Ich bin auf den Begriff yz gestoßen. Könnten Sie diesen Begriff kurz umreißen?". Sie sollten diese Form der Frage

allerdings nicht zu häufig stellen, da eine Verständnisfrage auch immer auf eigene Wissenslücken hinweist.

Versteckte Aussage

Wenn Sie sich mit einer Behauptung nicht 100%ig sicher sind oder sich nicht zu weit aus dem Fenster lehnen wollen, hilft die Verpackung einer Aussage in eine Frage, um Ihren Zweck zu erreichen. So können Sie Ihr Wissen anbringen, ohne allzu großes Risiko einzugehen. Wenn Ihre Aussage richtig ist, dann ändert auch die Frageform nichts an deren Gehalt. Ist die Aussage dagegen nicht richtig, dann haben Sie ja einfach nur eine Frage gestellt und nicht die Richtigkeit Ihrer Aussage behauptet. Besonders oft ist dies in der Form „Ist es nicht so, dass...?" anzutreffen. Wenn Sie diese Frage noch vorsichtiger formulieren möchte, dann benutzen Sie den Konjunktiv: „Würde man in diesem Fall von xy sprechen können?"

Weiterführende Frage

Wer fragt, der kann das Gespräch lenken! Die weiterführende Frage ist hierzu besonders geeignet. Mit Ihr können Sie den bisherigen Schwerpunkt der Diskussion oder der Ausführungen verlassen und andere Themen überleiten. Beispielfragen sind: „Was ist mit Fall x?", „Gilt ihre Aussage auch für den Bereich y?", „Ist hier nicht die Theorie yx einschlägig?" oder auch „Sollten wir uns an dieser Stelle nicht viel mehr mit dem Thema abc beschäftigen?".

Entscheidungsfrage

Eine Entscheidungsfrage bietet sich an, wenn Alternativen abgewogen werden sollen oder wenn eine Aussage klar bejaht oder verneint werden soll. Je klarer die möglichen Varianten dabei benannt werden, je enger die Frage also gestellt ist, desto präziser sollte auch die Antwort ausfallen. Mögliche Entscheidungsfragen lauten: „Welchem Theorieansatz würden Sie mehr Erklärungskraft zusprechen?" „Müllers, Meiers oder Peters?" „Sollte hier

nicht die These xy greifen?" „Kann man hier von cy sprechen?"
„Wie stehen Sie zu der Behauptung, dass yxc?"

Kritische Frage

Zuweilen ist es angebracht, die Aussagen von Dozenten oder
Kommilitonen kritisch zu hinterfragen. Vielfach werden auch im
wissenschaftlichen Betrieb einfach Behauptungen in den Raum
gestellt und es lohnt sich durchaus, das ein oder andere Mal
nachzuhaken. Dabei gibt es eine Vielzahl von Ansatzpunkten. Sie
können nach der Quelle der Daten und Fakten fragen, die Bedeutung der Theorie oder der Aussagen einschränken, nach den (vielleicht unbeabsichtigten) Folgen der Behauptungen fragen, Ge-
genbeispiele einbringen oder die logische Konsistenz und
Plausibilität in Frage stellen. Beispiele hierfür sind: „Könnten Sie
kurz darlegen, woher Sie diese Zahlen haben?" „Wird diese These
nicht von sy stark in Zweifel gezogen?" „Wenn wir y und x anneh-
men. Ist dann nicht q die Folge?"

Aussagen

Mit dieser Art von Beiträgen ist eine Vielzahl von möglichen Zielen verbunden. So können Sie versuchen, Ihr Wissen und Ihre
Reflexionsfähigkeit zu präsentieren. Sie können Gedanken weiterentwickeln, vertiefen, kritisieren, verwerfen. Sie können eigene
Meinungen einbringen und vieles mehr. Sieben der besonders
häufigen Aussageformen finden Sie hier.

Neue Argumente

Sie sollten während der Veranstaltungen versuchen, die Argu-
mente des Vortragenden zu erkennen und für sich zu gewichten.
Sind Sie plausibel, Ziel führend und überzeugend? Häufig wer-
den Ihnen dabei eigene Argumente einfallen, die die vertretene
These stützen oder schwächen oder sogar widerlegen. An geeig-
neter Stelle, etwa bei einer Diskussion im Anschluss an einen
Vortrag, können Sie dann Ihre neuen Argumente einführen und
Ihre Begründung ausführen. „An dieser Stelle gilt es zu bedenken,

dass ....", „Ein weiterer Punkt, der nicht vernachlässigt werden darf, ist ...", oder „Gegen Ihre These spricht Folgendes: ...". So oder ähnlich können Sie Ihre neuen Argumente in die Diskussion einbringen.

Analogien und Beispiele

Zur Unterstützung oder zur Erschütterung von Thesen eignen sich besonders auch konkrete Fallbeispiele oder Analogien. Sie können mit guten Beispielen zeigen, dass Sie in der Lage sind, sich aus den vorgegebenen Bahnen des Denkens zu lösen und eigenständig kreativ neue Aspekte erschießen können. Gerade in theorielastigen Diskussionen sind konkrete Anwendungen und die Überprüfung der Behauptungen an der Realität sehr wertvoll. Eine Möglichkeit mit Hilfe einer Analogie eine Behauptung zu überprüfen ist es, die These auf andere verwandte Fälle anzuwenden. „Der Fall y spricht deutlich für/gegen Ihre Behauptung. Denn...", „Sie sagten immer wenn y dann auch c. Das gilt aber nicht, wenn man annimmt, dass ...".

Eigene Meinung

Es kann eine Diskussion oder einen Vortrag sehr bereichern, wenn Sie eine eigene, neue Position entwickeln und einbringen. Dozenten wissen es zu schätzen, wenn Sie sich eigene Gedanken machen und diese auch gut begründet vorstellen. Sie sollten allerdings deutlich kennzeichnen, dass Sie keine andere Autorität zitieren, sondern nun eigene Gedanken folgen: „Meiner Meinung nach, sollte man ...", „Ich bin der Auffassung, dass ...", „Wenn es nach mir ginge, könnte man ...".

Weiterführende Hinweise

Eine weitere Möglichkeit, sich einzubringen, sind Hinweise auf Aspekte, die bisher nur unzureichend oder gar nicht eingebracht wurden. Worin genau der Hinweis liegt, kann dabei sehr vielfältig sein. Es kann sich beispielsweise um den Verweis auf einen Text handeln, der eine Position besonders gut darstellt oder um eine

Expertenansicht, die noch nicht berücksichtigt wurde oder eine
Theorie, die zwar einschlägig ist, aber bisher vernachlässigt wurde. Weitere mögliche Hinweise können Definitionen oder Bedeutungen von Begriffen sein, die verwendet wurden und der Kon-
kretisierung oder Korrektur bedürfen u.v.m. „Bisher noch gar
nicht berücksichtigt, wurde ...", „Ohne cy ist die Aufzählung der
Faktoren nicht vollständig.", „Der Begriff cy kann in diesem Kontext auch verstanden werden als ...", sind mögliche Formulierungen bei weiterführenden Hinweisen.

Kritik

Wissenschaftliches Arbeiten besteht zum Großteil daraus, bestehende Behauptungen und Theorien kritisch zu hinterfragen und
Probleme und Widersprüchen aufzudecken. Das gilt auch für die
Ausführungen in Vorlesungen oder Seminaren. Natürlich sollten
Sie mit Ihrer Kritik gegenüber Dozenten vorsichtiger sein als
gegenüber Kommilitonen. Hier bietet sich auch die Frageform an,
um die Schärfe der Kritik ein wenig zu mildern. Mit gut begrün-
deten Widerlegungen oder Einschränkungen können Sie allerdings auch besonders viele Pluspunkte bei den Dozenten sammeln. Versuchen Sie dabei, so konstruktiv wie möglich zu sein;
zeigen Sie mögliche Alternativen auf. Natürlich ist auch positive
Kritik möglich, sie kommt aber wesentlich seltener vor. Lob für
gute Vorträge und gelungene Argumentationen sind vor allem in
Feedbackrunden angebracht. Wenn Sie dem Dozenten persönlich
noch mit auf den Weg geben möchten, wie Ihnen die letzte Vorlesung gefallen hat, dann sollten Sie dies in einem kurzen informellen Gespräch auf dem Gang und nicht im Plenum machen.
Viele Dozenten freuen sich darüber, wenn sie Rückmeldungen
von ihren Studierenden bekommen. So oder ähnlich können Sie
Kritik formulieren: „Der Faktor yx spricht gegen Ihre Behauptung,
dass ...", „Sie berücksichtigen den Fall x in Ihrer Argumentation
nicht. Mir scheint er eine Gegenbeispiel zu sein, oder etwa nicht?",
„Was sagen Sie zu der Behauptung von x? Widerlegt sie nicht
Ihren Punkt 1?", „Was mir besonders gut an Ihren Ausführungen
gefallen hat, war ...".

Zusammenfassung

Zusammenfassende Beiträge können den Verlauf von Diskussionen ordnen und Gemeinsamkeiten, Unterschiede und Streitpunkte in Auseinandersetzungen aufzeigen. Viele Diskussionen kranken daran, dass den Beteiligten häufig nicht klar ist, worüber Sie eigentlich streiten und welche Aussagen von allen geteilt werden. Halten Sie zwischenzeitlich den Diskussionsstand fest, damit die Auseinandersetzung dann wieder zielgerichtet geführt werden kann. Hilfreich ist die Ordnung von Beiträgen, um die Besonderheit Ihres Beitrages herauszustellen. Eine gute Möglichkeit ist, die Aussagen Ihres Vorredners kurz zusammenzufassen, um dann daran anknüpfen zu können. Dies können Sie auch tun, um zu Punkten Stellung zu nehmen, die schon eine Weile zurückliegen. Hierbei sollten Sie besonders kritisch prüfen, ob Ihr Beitrag so gewinnbringend ist, dass Sie Ihn trotz der Unterbrechung einbringen wollen. Dies sind einige Beispiele für zusammenfassende Beiträge: „Sie sagten, dass y. Dazu lässt sich noch anfügen, dass …", „Es scheint, als bestünde Einigkeit, dass der Faktor x von entscheidender Bedeutung für y ist. Fraglich ist, in welchem Ausmaß. Dazu denke ich, …", „Die Diskussion starte bei der Frage, ob y Einfluss auf x hat. Lassen Sie uns doch bei dieser entscheidenden Frage bleiben, bevor wir zu abc kommen."

Hypothesen

Hypothesen zu bilden ist eine der anspruchsvollsten wissenschaftlichen Tätigkeiten. Besonders gilt dies, wenn Sie in dem Seminar oder der Übung quasi nebenbei Hypothesen aufstellen wollen. Hypothesen sind das Rückgrat jeder Theorie und versuchen Ursache-Wirkungszusammenhänge abzubilden. Hypothesen werden meist in der Form von „Je …, desto…"- oder „Wenn …, dann …"-Aussagen gebildet. Machen Sie sich also klar, welcher Faktor welches Element beeinflusst und in welcher Beziehung die einzelnen Elemente untereinander stehen. Zur Verdeutlichung dieser Beziehungen hilft meist eine kleine Skizze, in der die einzelnen Bestandteile der These mit Pfeilen verbunden werden.

Überlegen Sie auch, für welche Fälle diese Hypothese wahrscheinlich gilt und welche Einschränkungen Sie gegebenenfalls machen
müssen.

Antwort

Die Antwort ist in der Regel ein Aussagesatz. Zwar ist auch eine
Gegenfrage denkbar, doch im Verhältnis Dozent-Student bieten
sich nur wenige Gelegenheiten, um schlagfertig und nicht dumm-
dreist zu wirken, wenn man eine Frage mit einer eigenen Frage
beantwortet. Besonders in Seminaren, aber auch in Übungen und
manchmal auch in Vorlesungen greifen Dozenten auf das Mittel
zurück, Studierende mit Fragen zur aktiven Teilnahme zu motivieren und Wissen abzuprüfen. Dabei können die Fragen entweder an alle, einen bestimmten Personenkreis, wie beispielsweise
die Referenten, oder an bestimmte einzelne Studenten gerichtet
sein. Im ersten Fall sind Sie relativ frei, ob Sie auf die Frage antworten wollen oder nicht. Sie müssen sich zwar nicht bei jeder
Frage um eine Antwort bemühen, doch sollten Sie zumindest in
Gedanken durchspielen, was Sie antworten würden, falls Sie doch
drangenommen werden. So minimieren Sie die Wahrscheinlichkeit, auf dem falschen Fuß erwischt zu werden. Werden Sie als
Teil einer Gruppe angesprochen, so sollten Sie sich durch Blickkontakt oder kurze Absprachen koordinieren, wer auf diese Frage
antworten möchte.

Auf welche Art Sie antworten können, hängt natürlich von der
Frage ab. Versuchen Sie nicht, der Frage auszuweichen oder zu
lavieren. Wenn Sie keine Ahnung haben, was Sie antworten sollen, gibt es zwei Möglichkeiten. Wenn Sie die Frage nicht verstanden haben, scheuen Sie sich nicht, den Dozenten zu bitten, seine
Frage zu wiederholen oder zu präzisieren. Sollten Sie die Frage
verstanden haben, aber bei Ihnen stellt sich trotzdem keine Ahnung ein, so sollten Sie Ihre Unwissenheit zugeben und diese
Wissenslücke bei nächster Gelegenheit schließen.

Die unmittelbare Antwort ist der Normalfall. Allerdings gibt es
eine Ausnahme: Sie können, wenn Sie selber einen längeren Beitrag, z.B. ein Referat, halten, unter Umständen die Beantwortung

der Frage an einen späteren Zeitpunkt verweisen, wenn Sie diesen Punkt tatsächlich im Laufe Ihrer weiteren Ausführungen behandeln. Wenn Sie allerdings die Beantwortung verschieben, sollten Sie in jedem Fall nicht vergessen, diese Frage später auch zu beantworten. Es sieht sonst leicht so aus, als wollten Sie sich vor der Antwort drücken und das ist kein Eindruck, den ein Dozent von Ihnen haben sollte.

Gepflogenheiten und Timing – Wann kommt welcher Beitrag gut an?   2.2.4

Es kommt nicht nur darauf an zu wissen, welche Arten von Beiträgen man liefern kann, sondern auch wann und wie dies in den unterschiedlichen Veranstaltungsformen geschehen sollte. Dazu stellen wir Ihnen nun die gängigen universitären Veranstaltungen, also die Übung, das Seminar und die Vorlesung mit ihren jeweiligen Besonderheiten vor. Doch vorher soll es kurz um allgemeine Hinweise gehen, die es Ihnen erleichtern, in den Veranstaltungen das Richtige zur richtigen Zeit zu sagen. Zudem behandeln wir an dieser Stelle noch den Sonderfall der „informellen Kommunikation".

Zunächst einmal brauchen Sie einen Gedanken. Wenn Sie einen Gedanken haben, dann sollten Sie abwägen: Bringt der Gedanke in dieser Situation einen relevanten Fortschritt? Können Sie mit diesem Beitrag Ihren spezifischen Zielen in der Veranstaltung näher kommen? Oder sollten Sie lieber die Frage zu Hause selber klären oder mit Ihrer Meinung hinter dem Berg halten? Wenn Sie von dem Mehrwert Ihres Beitrags überzeugt sind, dann suchen Sie sich die passende Form für diesen Gedanken (siehe oben). Zuletzt kommt es dann auf den richtigen Zeitpunkt an. Wenn Sie den geeigneten Moment für Ihre Frage verpassen, kann es mitunter zu spät sein, sie überhaupt noch zu stellen. Leider gibt es keine allgemeingültigen Regeln für den optimalen Zeitpunkt, einen Beitrag anzuzeigen und zu bringen. Lassen Sie sich hierbei vom gesunden Menschenverstand und Ihrem Gespür für die Situation leiten. Ein Dozent wird Sie wahrscheinlich nicht dranneh-

men, wenn er gerade dabei ist, die wichtigsten Grundpfeiler seiner Theorie zu erklären. Am höchsten ist erfahrungsgemäß die
Wahrscheinlichkeit mit einer Meldung auch Gehör zu finden,
wenn Sinnabschnitte abgeschlossen werden und kleine Pausen
entstehen.

Zwischenrufe sind in allen universitären Veranstaltungen eher
unüblich. In Ausnahmefällen können in unterhaltsamen Phasen
(auch die gibt es immer mal wieder) spontane Dialoge entstehen,
für die Sie sich nicht zu Wort melden müssen. Im Normalfall
werden Sie, wie in der Schule, aufzeigen und dann vom Vortragenden drangenommen.

Grundsätzlich gilt in jeder Veranstaltung: Je früher in der Stunde Sie einen Beitrag leisten, desto leichter fällt Ihnen die weitere
Beteiligung! Probieren Sie deshalb in Seminaren und Übungen
sich immer gleich auf die ersten Fragen zu melden. Je mehr Sie
sich an den Stunden, die Sie eh dort verbringen müssen, beteiligen, desto weniger langweilig ist die Zeit und desto mehr lernen
Sie ganz beiläufig. Es lohnt sich!

Informelle Kommunikation

Mit „informeller Kommunikation" sind die Beiträge gemeint, die
nicht im Rahmen einer Unterrichtssituation getätigt werden. Konkret wollen wir uns nun mit dem Small Talk auf dem Gang oder dem
Gespräch mit dem Professor im Anschluss an die Stunde befassen.
Gerade für persönliche Fragen und Anliegen an den Professor ist oft
die Zeit nach einem Seminar oder einer Vorlesung besonders geeignet. Neben organisatorischen Fragen können Sie hier beispielsweise
nach Referaten um Feedback bitten oder ein Wort des Lobs oder des
Tadels an den Dozenten richten. Wichtige Bedingung dabei ist: Fassen Sie sich kurz! Der Terminplan vieler Dozenten ist eng gestrickt
und meist warten nach der Stunde nicht nur Sie darauf, ein Wort
mit ihm zu wechseln. Vergewissern Sie sich, ob der Dozent nicht
einen anderen dringenden Termin hat, bevor Sie ihn mit Ihrem
Anliegen bestürmen. Versuchen Sie nicht die Diskussionen aus der
Stunde mit dem Dozenten nach der Stunde zwingend weiterführen
zu wollen. Wenn der Dozent daran interessiert ist, wird er Sie es

schon merken lassen. Wenn Sie größere fachliche Probleme zu besprechen haben, machen Sie lieber einen Termin in der Sprechstunde aus, um diese in Ruhe klären zu können.

Manchmal ergeben sich aber auch Gespräche mit Dozenten auf
dem Gang oder in Pausen. Drängen Sie sich dabei nicht zu sehr
auf, aber nutzen Sie ruhig die Gelegenheit, um in ungezwun-
generer Atmosphäre als in der Vorlesung oder im Seminar mit
Ihrem Dozenten zu sprechen.

Sollten Sie Ihren Dozenten zufällig privat im Kino oder in der
Kneipe treffen, dann grüßen Sie freundlich und belassen es dabei.
Auch Dozenten haben ein Anrecht auf Privatsphäre und diese
sollten Sie respektieren. Ihre Hausarbeit wird nicht schneller kor-
rigiert, wenn Sie in dieser Situation noch einmal zur Sicherheit
nachfragen.

Übung

Die Übung ist üblicher Weise praxisorientiert und besteht aus einem
kleinen Teilnehmerkreis. Übungen werden meist von Studierenden
aus höheren Semestern oder Assistenten gehalten und werden oftmals begleitend zu Vorlesungen oder Seminaren angeboten. Die
Umgangsformen sind meist eher leger und persönlich. Die Übungen
sind der ideale Ort, unbefangen Fragen zu stellen, neue Ideen einzubringen und bestehende Probleme offen anzusprechen.

Seminar

Seminare widmen sich entweder in kompakter Form an wenigen
Terminen oder regelmäßig als wöchentliche Veranstaltungen
einem bestimmten Oberthema und werden von Assistenten oder
Professoren geleitet. Seminargrößen reichen von zehn bis zu 60
Teilnehmern. Ein besonderes Merkmal der Seminare sind die
studentischen Beiträge in Form von Referaten. Zumeist gibt es
auch einen unterschiedlich umfangreichen Teil der Seminarstunden, der vom Dozenten mit organisatorischen, bzw. inhaltlichen
Ausführungen oder Feedback gestaltet wird. Die Kommunikation
in Seminaren verläuft wesentlich formaler als in Übungen und

wird im Wesentlichen durch den Dozenten oder die Referenten geleitet. Das Seminar bietet für alle oben beschriebenen Beitragsarten breite Anwendungsmöglichkeiten.

Vorlesung

Die Vorlesung wird grundsätzlich von einem Professor gehalten und beschäftigt sich mit einem klar umrissenen Themengebiet. Bis auf wenige Ausnahmen richten sich Vorlesungen an einen großen Zuhörerkreis zwischen 50 und mehreren hundert Teilnehmern. Der Vortrag des Dozenten nimmt, zuweilen unterbrochen durch wenige Fragen vom Vortragenden, den ganzen Raum ein. Eigene studentische Beiträge sind sehr selten, Verständnisfragen können am ehesten den Vortrag unterbrechen. Manchmal fragen Dozenten auch nach offenen Punkten oder geben Zeit für Rückfragen. Diese Zeit sollten Sie bei Bedarf nutzen. Offene Diskussionen oder ein Austausch neben dem eigentlichen Vortrag kommen so gut wie gar nicht in Vorlesungen vor. Hauptaufgabe des Studenten in der Vorlesung ist die Aufnahme des Gesagten und die Mitschrift.

Die „Audienz" beim Professor

Im Zuge der Vorbereitung der eigenen größeren Leistungen im Semester, also in der Regel den Referaten oder den Hausarbeiten, ist es ratsam, die Meinung des Dozenten einzuholen. Worauf Sie hierbei achten sollten, wird im Folgenden dargestellt.

Wann gehe ich in die Sprechstunde?

Allgemein gilt hierbei: Halten Sie sich an die Sprechstundenzeiten! Viele Dozenten reagieren ungehalten, wenn man sie spontan und außerhalb der reservierten Sprechstundenzeiten in ihrer Arbeit unterbricht. Vereinbaren Sie am besten einen Termin über das Sekretariat, per E-Mail oder über die Anmeldungslisten. Geben Sie bei Ihrer Anmeldung an, was Sie besprechen möchten und wie viel Zeit Sie voraussichtlich beanspruchen werden. Die

Einschätzung der Zeit sollte eher zurückhaltend kalkuliert sein. Aber scheuen Sie sich nicht, einen großen Anteil der Zeit zu beanspruchen, so Sie ihn, beispielsweise zur Besprechung Ihrer Abschlussarbeit, wirklich benötigen. Sollten Sie einen vereinbarten Termin nicht einhalten können, so informieren Sie Ihren Dozenten so früh wie möglich darüber, sodass dieser dann umdisponieren kann.

Vorbereitung der Besprechung

Die Zeit eines Professors ist zumeist sehr knapp bemessen. Dies gilt insbesondere für die Sprechstunden. Häufig hat man als Student nur fünf bis zehn Minuten Zeit, sein Anliegen zu klären, bevor der nächste Student mit seinem Problem an die Tür klopft. Deshalb ist eine klare Vorstellung vom eigenen Ziel des Besuchs in der Sprechstunde nötig. Je genauer Ihnen das eigene Problem oder Anliegen vor dem geistigen Auge präsent ist, desto effektiver können sie die knappe Zeit für sich nutzen! Die Sprechstunden mit Dozenten sind KEIN Ort des gemeinsamen Brainstormings! Ihr Professor wird Ihnen in der Regel auch nicht die Gliederung Ihrer Arbeit in die Feder diktieren. Ihre eigene Zielsetzung hängt davon ab, in welcher Angelegenheit sie bei Ihrem Dozenten vorsprechen. Wollen Sie Hinweise zur Vorbereitung von Referaten oder Hausarbeiten bekommen? Oder geht es um die Besprechung von Klausuren? Oder soll die anstehende Prüfung abgesprochen werden? Es gilt aber in jedem Fall: Bereiten Sie sich gründlich vor, machen Sie sich durchaus einen Stichwortzettel mit Ihren Fragen und Argumenten, damit Sie im Gespräch schneller auf den Punkt kommen können. Sie sollten sich während des Gesprächs Notizen über die Hinweise des Dozenten machen. Es ist nicht unhöflich, sondern zeugt von Ihrem Interesse für die Meinung des Dozenten und gerade kleine, aber wichtige Details geraten sonst schnell in Vergessenheit. Gehen Sie Ihre Notizen nach dem Gespräch durch und schauen Sie, ob Sie alles Wichtige vermerkt haben und ob Sie Ihre Stichworte noch zu dem Gesagten zuordnen können.

Besprechung von Referaten

Bei der Vorbereitung von Referaten treten immer wieder Probleme in vier Bereichen auf, nämlich bezüglich der Fragestellung, der Gestaltung, des inhaltlichen Konzepts und sozialer Probleme, die üblicher Weise in Sprechstunden angesprochen werden.

Die möglichen Probleme im Zusammenhang mit der zu bearbeitenden Fragestellung treten häufig zu Beginn der Auseinandersetzung mit dem Thema auf und sollten möglichst schnell geklärt werden, damit die weitere Arbeit nicht zu lange blockiert wird. Sollten Sie sich trotz umfassender Lektüre rund um das Thema und nach ernsthaftem Austausch mit Kommilitonen nicht sicher sein, ob Sie den Kern der Fragestellung erfasst haben oder Ihr Verständnis der Aufgabe sich mit dem des Dozenten deckt, so sollten Sie sich in der Sprechstunde über die richtige Lesart und das intendierte Vorgehen in diesem Fall rückversichern. Allerdings sollten Sie Ihre Bemühungen, das Thema selbst zu erfassen, im Gespräch darstellen, damit nicht der Eindruck entsteht, Sie versuchten lediglich die eigene Arbeit durch andere erledigen zu lassen. Benennen Sie deshalb genau Ihre Probleme und Fragen. Handelt es sich lediglich um einzelne Begriffe und ihre Bedeutung? Oder sind Ihnen die Untersuchungsausrichtung und die weiteren Schritte unklar? Welche Interpretationen haben Sie bisher erwogen und aus welchen Gründen verworfen? Gerade, wenn es um solch grundlegende Fragen geht, sollten Sie zeigen, dass Sie sich schon ausführlich mit dem Thema beschäftigt haben. Gleiches gilt auch, wenn Sie Probleme mit der Abgrenzung des Themas haben, sich also fragen, ob einzelne Teile innerhalb der Aufgabenstellung oder außerhalb liegen. Ein weiteres Problem ist die Änderung der Themenstellung. Sie sollten den Dozenten informieren, wenn Sie die ursprüngliche Themenstellung aufgrund Ihrer bisherigen Arbeiten umgestalten möchten. Dies gilt sowohl für die Ausweitung des Themas, wenn Sie beispielsweise meinen, ein zentrales Element in das Referat einfügen zu müssen, als auch für die Einschränkung des Themas, wenn es darum geht, Schwerpunkte zu setzen und eigentlich vorgesehene Aspekte auszuklammern. Bereiten Sie für alle diese Fälle eine gute

Begründung vor, warum Sie diesen Schritt machen wollen. Bedenken Sie dabei, dass sich der Dozent vermutlich ausführlich Gedanken bei der Erstellung der Themenformulierung gemacht hat und ihre Begründung seine Argumentation für die ursprüngliche Variante zumindest aufwiegen muss. Dieses gilt auch für den Extremfall, dass Sie eine neue Frage oder ein neues Thema erstreben. Sie sollten sich diesen Schritt sehr gut überlegen, da die Kompetenzvermutung des Dozenten Ihrer Person gegenüber hierdurch vermutlich nicht gesteigert wird.

Der zweite Gegenstandsbereich, der in Sprechstunden geklärt werden sollte, ist die Gestaltung des Referats. So die grundsätzlich erwünschten oder möglichen Gestaltungskomponenten nicht schon in der Einführung zum Seminar oder durch andere Quellen geklärt wurden, sollten Sie in der Sprechstunde in Erfahrung bringen, ob eine Gruppendiskussion, Arbeitsblätter oder ein vorbereitetes Video in die Konzeption des Dozenten passen oder nicht. Wenn Sie besondere Präsentationsformen in Ihr Referat integrieren wollen, so sollten Sie auch das Ergebnis dem Dozenten vorlegen. Im Falle eines Gruppenreferates sollten Sie zu einem frühen Zeitpunkt in Erfahrung bringen, ob jedes Gruppenmitglied auch einen Teil des Vortrags übernehmen muss, oder ob andere Leistungen ebenfalls angerechnet werden.

Um Doppelarbeit und unnötige Verzögerungen der Vorbereitung zu vermeiden, lohnt es sich, die inhaltliche Konzeption des Referats durch den Dozenten absegnen zu lassen. Auch bietet sich so die Möglichkeit, zu einem frühen Zeitpunkt weiterführende Hinweise des Dozenten bezüglich der zu berücksichtigenden Literatur, hilfreicher Konzepte und Theorien, sowie weitere Anregungen zu bekommen.

Wenn sich bei der Zusammenarbeit in einer Referatsgruppe unüberbrückbare Schwierigkeiten bei der Vorbereitung ergeben, die auch nach mehreren Anläufen nicht mehr im Kreise der Referatsgruppe zu lösen sind, so sollten Sie den Dozenten um Hilfe bitten. Er kann Ihnen vielleicht Hinweise zum Umgang mit dieser schwierigen Situation geben, ggf. selber auf eine Behebung der Störung einwirken oder aber die Ausnahmesituation bei der Benotung berücksichtigen. Dazu ist es allerdings sinnvoll, vor dem Referat auf die Probleme hinzuweisen und nicht erst wenn das „Kind in den Brunnen gefallen" ist. So können nämlich noch Gegenmaßnahmen getroffen werden. Ihr Dozent wird Ihnen in allen inhaltlichen Fragen sicherlich kompetent zur Seite stehen. Sie sollten aber nicht versuchen, den Dozenten als „Kindermädchen" zu missbrauchen und versuchen, „normale" gruppeninterne Spannungen durch ihn lösen zu lassen. Es ist Teil Ihrer studentischen Bildung, dass Sie lernen, auch mit schwierigen Menschen zurecht zu kommen.

Nachbesprechungen von Referaten in Sprechstunden sind eher unüblich, da in der Regel der Dozent ein kurzes Wort der Bewertung nach dem Referat im Plenum oder kurz nach der Stunde im Kreise der Referenten äußert. Daher besteht nur in Ausnahmefällen noch Gesprächsbedarf.

Besprechung von Hausarbeiten

Um sicher zu gehen, dass Sie mit Ihrer Hausarbeit in die richtige Richtung gehen, sollten Sie sich Ihr Thema und Ihr Grundkonzept der Arbeit absegnen lassen. Dies erfordert allerdings eigentlich keinen Sprechstundentermin, sondern kann auch per E-Mail erfolgen (es sei denn, Ihr Dozent besteht ausdrücklich darauf, Sie persönlich zu sehen).

Sollten im Laufe der Bearbeitung für Sie unlösbare Probleme auftauchen, beispielsweise fehlende empirische Daten, theoretische Hindernisse oder erweist sich die Arbeit mit ihrem aktuellen Konzept für Sie als nicht bearbeitbar, so sollten Sie Ihren Dozenten um Hilfe bitten. Manchmal hat man sich einfach in eine Sackgasse verrannt und einfache Hinweise können einem wieder auf den rechten Weg helfen. Bitten Sie ruhig ausdrücklich um konkrete Ratschläge bezüglich Ihrer Problemlage. Allerdings sollten Sie die Dozenten nicht bei Motivationsproblemen oder Schreibblockaden behelligen! Hier kann die einschlägige Literatur oder ein Schreibseminar an der Hochschule eher Abhilfe schaffen.

Sie können, nachdem Sie eine Hausarbeit oder auch eine Klausur zurückbekommen haben, durchaus Anlass haben, erneut die

Sprechstunde aufzusuchen. Im Falle einer positiven Leistung wird dies zwar weniger häufig passieren, aber wenn aus den Anmerkungen des Dozenten keine eindeutigen Hinweise für weitere Verbesserungen und das Abstellen von Mängeln hervorgehen und Sie ein großes Bedürfnis danach haben, können Sie bei dem Dozenten vorstellig werden und fragen. Häufiger wird dies allerdings bei weniger überzeugenden Leistungen der Fall sein. Gründe für einen Sprechstundenbesuch können dann die Bitte um Erklärung der Gründe für das Scheitern, Hinweise für Verbesserungen oder gar ein Einspruch gegen die Wertung sein. Sie sollten sich dabei, auch wenn es Ihnen schwer fallen sollte, im Ton um Freundlichkeit, Sachlichkeit und Zurückhaltung bemühen, um Ihre Chance auf Gehör zu erhöhen. Einem Wüterich gibt man ungern eine bessere Note. Weiterführend ist oft die Haltung eines ehrlich Interessierten und nach Ursachen Forschenden. Sie sollten sich bei einem Einspruch gegen das Notenurteil allerdings genauestens überlegen, ob Sie diesen Schritt anhand der Bewertungskriterien des Dozenten und aufgrund von Beispielen aus Ihrer Arbeit gut begründen können. Wenn Sie nicht mehrere gute Argumente für Ihre Position anführen können, sollten Sie diesen Schritt unterbleiben lassen und lieber nach dem weiteren Vorgehen, zum Beispiel der Möglichkeit einer Überarbeitung und den Ansatzpunkten der Verbesserung fragen.

Besprechung von Prüfungen

Vieles zum Thema Vorbereitung von Prüfungen steht im dazugehörigen Kapitel. Ergänzend sei an dieser Stelle hinzugefügt, dass Sie gerade vor Abschlussprüfungen ein oder zwei Mal den Kontakt zum prüfenden Professor aufnehmen sollten. Dies sollten Sie nicht nur tun, um Ihre Anliegen vorzubringen, sondern auch um Ihr Gesicht dem zukünftigen Prüfer vorzustellen oder in Erinnerung zu rufen. In der Sprechstunde sollten Sie den genauen Termin absprechen und den Ablauf der Prüfung erfragen, damit Sie sich darauf einstellen können. Sollten Sie die Themen selber (mit-) bestimmen dürfen, so stellen Sie Ihrem Prüfer Ihre Vorstellungen und die dazugehörige Literaturliste, die Sie zu bearbeiten gedenken oder bearbeitet haben, vor.

Exkurs: E-Mail-Kommunikation mit Professoren

Es ist im Zeitalter der elektronischen Kommunikation leicht, seinen Dozenten mal eben schnell eine E-Mail zu schicken. Aber hier ist Vorsicht geboten! Auch wenn die Gepflogenheiten des Korrespondierens per Internet im privaten Bereich sehr locker gehandhabt werden, ist im offiziellen Schriftverkehr mit Professoren und anderen Universitätsangestellten Stil und Ton zu wahren. Denn auch E-Mails tragen zum Eindruck bei, den Ihre Dozenten von Ihnen bekommen. Auch wenn manche Hinweise lapidar erscheinen, so zeigt doch die alltägliche Praxis, dass sie bei weitem nicht selbstverständlich sind.

Dies beginnt bei der Wahl der E-Mail-Adresse. Es macht selten einen guten Eindruck, wenn Ihr Professor Post vom Absender schnullipups@parkaus.de oder sternchen4302@beckx.de oder fratzengeballer@anarchonet.com bekommt. Sie sollten sich also zumindest eine E-Mail-Adresse zulegen, aus der Ihr Name klar hervorgeht und mit der Sie den E-Mailverkehr mit offiziellen Stellen führen. Meistens bieten die Universitäten einen entsprechenden Service an.

Nutzen Sie auch die Betreff-Zeile und beschreiben Sie stichwortartig Ihr Anliegen, zum Beispiel „Prüfungstermin Armin Müller" oder „Besprechung Hausarbeit Anni Hauser am 14.09.". So lässt sich Ihre E-Mail leichter zuordnen und bearbeiten.

Viele Studenten vergessen, wenn sie elektronische Post verschicken, dass die E-Mail die elektronische Form des Briefes ist. Dies meint, dass auch sämtliche Regeln des Stils und der Grammatik gelten! Auch wenn Sie im privaten E-Mail-Verkehr eine größere Freiheit beispielsweise im Umgang mit der Groß- und Kleinschreibung an den Tag legen, sollten Sie darauf achten, dass Sie in Ihrer Mail an Ihren Professor sämtliche Rechtschreibregeln berücksichtigen. Lesen Sie sich Ihre Mail ruhig ein, zwei Mal durch, bevor Sie sie versenden. So lassen sich peinliche Flüchtigkeitsfehler vermeiden. Einmal versendet, sind die Fehler nicht mehr zu korrigieren.

Machen Sie sich bewusst, dass eine E-Mail ein kommunikativer Akt ist. Sie würden Ihr Gegenüber auf der Straße ja auch erst begrüßen, mit ihm reden und dann ordentlich verabschieden. Diese Elemente sollte eine E-Mail daher selbstverständlicher Weise immer beinhalten. Benutzen Sie in jedem Fall die korrekte Anrede für den Adressaten. Welche Titel führt die Person? Wie ist die korrekte Schreibweise des Namens? Ein „Sehr geehrter Herr / Frau Prof. Dr. XY," ist meist angemessen, ein kurzes „Hallo Herr/Frau Professor XY" häufig schon zu salopp.

Natürlich sollten Sie auch versuchen, Ihr Anliegen klar und in verbindlichem Ton zu formulieren. Ein Text wie „Ich brauche meinen Schein sofort. Wann kann ich ihn haben?" entbehrt jeglicher Gepflogenheiten der Höflichkeit, ist unpräzise und sollte deshalb nicht verwendet werden. Nennen Sie sämtliche Daten und Fakten, die eine Einordnung und die Bearbeitung Ihres Vorgangs erleichtern. Vermeiden Sie unnötige und große Anhänge. Auch das Postfach eines Dozenten oder Professors hat eine Obergrenze. Auch sind wissenschaftlich Tätige durchaus hin und wieder unterwegs, z.B. auf Kongressen oder ähnlichen Veranstaltungen. Eine mehrere Megabyte große Datei über ein Modem herunterzuladen, nervt selbst den geduldigsten Empfänger.

Falls Sie auf einem anderen Wege als der elektronischen Rückantwort benachrichtigt werden möchten, vergessen Sie nicht, die entsprechende Postanschrift, Fax- oder Telefonnummer anzugeben. Hilfreich hierfür sind die Signaturen, die automatisch an jede E-Mail angehängt werden können. Wenn Ihnen das „Mit freundlichen Grüßen" tippen zu aufwändig ist, nehmen Sie dies gleich mit in Ihre Standardsignatur auf. Aber auch hier gilt es vor dem Absenden die Signatur genau zu prüfen. Hin und wieder werden auch Sinnsprüche und Zitate als Signaturen verwendet. Es kommt sehr auf den Humor des Dozenten an, ob er die Signatur „Dieter Eilts: Das interessiert mich wie eine geplatzte Currywurst im Wattenmeer!" oder „Gottes schönste Gabe ist und bleibt der Schwabe!" goutiert oder nicht. Verzichten Sie einfach auf derartige Untertitel.

Aufgrund der immer besser und immer nachhaltiger funktionierenden Spam- und Junkmailfilter kann es durchaus vorkommen, dass Ihre Mail von diesen Sicherungseinrichtungen abgefangen wird und nie den gewünschten Empfänger erreicht. Wenn Sie eine besonders wichtige E-Mail an Ihren Dozenten schicken müssen, wie z.B. die versprochene Gliederung Ihres Referates, sollten Sie diese vielleicht mit der Option „Mit Lesebestätigung" versehen. Wenn es Ihnen nur darum geht, ob die Mail diesen Filter durchquert hat, können Sie in vielen E-Mailprogrammen die Option „Übermittlung bestätigen" aktivieren. Dann schickt der Posteingangsserver bei Empfang eine automatische E-Mail an Sie. Dadurch wissen Sie zwar nicht, ob und wann Ihr Empfänger Ihre Mail geöffnet hat, Sie können sich aber versichern, ob ihm die E-Mail zugegangen ist.

Rede und Antwort stehen! Prüfungssituationen meistern   2.3

Im Leben eines Studenten kommt irgendwann die Stunde der Wahrheit. Während in der Schule Schulaufgaben und Klausuren meist über das ganze Jahr verteilt waren, ist es im Studium häufig so, dass erst am Ende eines Semesters, zum Beispiel bei den Wirtschaftswissenschaften oder gar erst am Ende eines ganzen Studiums, wie beispielsweise in Examensstudiengängen große Prüfungen anstehen.

Nun kann man sich auf schriftliche Prüfungen meist ganz gut vorbereiten. Immerhin ist die Studentengemeinschaft an vielen Hochschulen so gut organisiert, dass es meist umfangreiche Sammlungen zu bereits gestellten Prüfungen gibt. Erste Anlaufstelle hierfür sind die Fachschaften und Studentenorganisationen. Mündliche Prüfungen sind meistens nicht so gut dokumentiert. Fragen wie „Was hat der Prüfer gefragt?", „Welche Antwort war richtig?", „Und in welchem Umfang musste man, für welche Note antworten?" lassen sich viel schwerer beantworten, da kaum ein Student seine eigene Prüfung protokolliert. Es verwundert daher kaum, dass es wenige Bereiche im studentischen Leben gibt, die noch stärker von Gerüchten und Mythen durchdrungen sind, als die Geschichten über bestandene und vor allem über nicht bestandene mündliche Prüfungen. Wenn man einmal auf der anderen Seite als Prüfer an einer Prüfung teilgenommen hat, so wird man feststellen, dass eine mündliche Prüfung bei weitem einfacher ist, als man dies als Geprüfter glauben mag. Ein paar Dinge sollte man, unbesehen von der eigenen Fachrichtung, für alle mündlichen Prüfungen in der Vorbereitung, während der Prüfung und nach der Prüfung beachten.

Die Prüfungsvorbereitung   2.3.1

An erster Stelle stehen für eine erfolgreiche Prüfung natürlich das Aufbereiten des Inhaltes und das Lernen dieser Inhalte. Ein guter Student beginnt nicht erst kurz vor der Prüfung mit dem Lernen, sondern lernt während des gesamten Semesters und eignet sich so kontinuierlich den sich langsam anhäufenden Stoff an. Arbeitet man stets die Skripte und Mitschriebe aus den Vorlesungen und Seminaren direkt nach der Veranstaltung auf, so ist das eigentliche Lernen sehr viel einfacher, da die jeweiligen Lerneinheiten viel übersichtlicher sind und sich das Wissen über einen längeren Zeitraum entwickeln kann.

Exkurs: Lernen zu Lernen

Dieses Buch hat nicht die Zielsetzung, Ihnen das Lernen beizubringen. Da es aber für die Vorbereitung auf eine Rede oder gar ein Prüfung unabdingbar ist, sich bestimmte Sachverhalte zu merken, sollen hier ein paar einleitende Gedanken zu Thema „Lernen" aufgezeigt werden:

Strukturieren Sie den Lernstoff!
Einen riesigen Berg an Lernstoff auf einmal zu bezwingen, ist praktisch nicht möglich und hemmt die Motivation anzufangen immens. Verschaffen Sie sich, bevor Sie in die Details gehen, einen Überblick. Teilen Sie den Stoff in logische Teilabschnitte auf. Versuchen Sie, die thematischen Abhängigkeiten zu erkennen. Visualisieren Sie den Lernstoff mit Hilfe von Mindmaps! Lernen Sie dann abschnittsweise jeweils kleine, gut überschaubare Happen.

Optimieren Sie Ihre Art zu lernen!
Nicht jeder kann gleich gut lernen, indem er geschriebene Texte memoriert. Manche nehmen Inhalte besser über das Hören auf oder brauchen das eigene Wort, um Sachverhalte besser zu verstehen. Versuchen Sie herauszufinden, welcher Lerntyp Sie sind. Optimieren Sie dann stetig Ihre spezielle Art zu lernen.

Wiederholen Sie!
Auch wenn es langweilig erscheint: kaum ein Lernstoff sitzt beim ersten Mal. Unser Gehirn benötigt die Wiederholung, damit sich Wissen langfristig festigen kann. Planen Sie in Ihr Lernen immer wieder Phasen des Wiederholens ein!

Suchen Sie nach der passenden Literatur!
Wenn Sie sich bisher noch nicht mit dem Thema „Lernen zu lernen" beschäftigt haben, werden Sie überrascht sein, wie un-

glaublich groß das Angebot an Hilfestellungen ist. Dabei werden Sie in so ziemlich jedem Buchladen, aber auch im Internet viele Angebote finden. Achten Sie dabei besonders darauf, eine für Sie geeignete Lernmethode herauszufinden. Nicht für jeden Lerntyp und nicht für jede Lernsituation sind die jeweiligen Methoden sinnvoll. So eigenen sich Karteikarten eher für reines Auswendiglernen, Mindmapping eher für strukturiertes Aufbereiten von umfangreichen Lerninhalten.

Welche Art von Prüfung?

Bevor man sich in eine Prüfung stürzt oder mit deren Vorbereitung beginnt, sollte man sich einen Moment die Zeit nehmen und diese Prüfung auf ihren Stellenwert innerhalb des Studienverlaufs hin beurteilen. Nicht jede Prüfung ist gleich schwer oder gleich wichtig. Eine kleine Klausur zwischen den Semestern, die problemlos wiederholt werden kann, ist bei weitem nicht so ernst wie die finale Abschlussprüfung am Ende des Studiums, wie zum Beispiel ein Staatsexamen bei den Juristen oder für das Lehramt. Vorsicht! Dies soll kein Aufruf sein, eine Prüfung auf die leichte Schulter zu nehmen. Immerhin kann auch eine vermeintlich „kleine" Prüfung bei mehrfachem Durchfallen in manchen Studiengängen zur Exmatrikulation führen! In einer Kommunikationssituation wie beispielsweise einer mündlichen Prüfung ist es jedoch wichtig, sein Gegenüber, hier also den Prüfer, richtig einzuschätzen zu lernen. Nur wenn man seine Zuhörer richtig einschätzt, hat man als Redner die Chance, diese mit den passenden Worten zu erreichen. Um nun die Prüfung einschätzen zu können, sollte man sich zur Unterscheidung der Prüfungssituationen die Frage nach dem eigentlichen Sinn der Prüfung stellen. Primär verfolgen Prüfungen im studentischen Umfeld vier hauptsächliche Ziele: Wissenslücken finden, Potentiale aufdecken, erworbene Kompetenzen bestätigen oder im Übergang in eine wissenschaftliche Tätigkeit das Abprüfen einer wissenschaftlichen These.

Wissenslücken finden

Gerade im fachlichen Gespräch stellen sich oftmals Lücken im eigenen Wissen heraus. In der „angenehmsten Form" eines Prüfungsgesprächs steht im Vordergrund, genau diese Lücken zu finden, um dem Studierenden zu zeigen, wo er noch Bereiche hat, in denen er sein Wissen vertiefen sollte. Am besten kann man diese Form einer Prüfung verstehen, wenn man sich unter Studenten zur Vorbereitung auf eine bevorstehende Prüfung trifft und im Gespräch versucht, eigenes Wissen zu vertiefen und Lücken zu finden. Manche fortschrittliche Dozenten geben den Studierenden auch die Gelegenheit, sich in einem solchen „Fachgespräch" zu beweisen. Diese Art der Prüfung erfolgt meist ohne eine direkte Notengebung und findet damit oftmals in einer entspannten Situation statt. Da es in der Natur dieser Prüfungssituation liegt, dass man eben nicht abschätzen kann, welche Fragen kommen können, sollte man offen sein für alles, was auf einen zukommen kann und die Prüfung eher als Chance begreifen.

Potentiale aufdecken

Eine besondere Form der Prüfung ist das Aufdecken von Potentialen. Meist findet man diese Form der Prüfung vor Beginn des eigentlichen Studiums. So sind im Rahmen der Bachelor- und Masterstudiengänge heute viele Universitäten und Hochschulen in der Lage, einen Teil der Studierenden selbst auszuwählen. Die Folge davon sind Eignungsprüfungen, bei denen die Bewerber eingeschätzt werden sollen. Wichtig dabei ist, dass nicht so sehr von Bedeutung ist, was ein Bewerber bereits kann, sondern was er in der Lage sein wird zu erreichen. Dabei werden vornehmlich allgemeines Grundwissen, Motivation und grundsätzlich nötige Fähigkeiten getestet. Hier soll kein bereits ausgebildeter Bewerber gesucht werden, sondern ein Student, der sich durch sein bevorstehendes Studium bestmöglich weiterentwickeln kann. Wichtig für den Kandidaten ist, dass in dieser Prüfungssituation weniger der Inhalt im Vordergrund steht, sondern vielmehr der Bewerber als Person selbst bewertet wird.

Eine Mischform der Prüfungsart sind die mittlerweile üblichen Orientierungsprüfungen. Diese finden meist am Ende der ersten beiden Semester statt und sollen sicherstellen, dass der Studierende das richtige Fach gewählt hat und erste Erfolge im Studium vorweisen kann. Dabei wird die Ausgestaltung dieser Prüfung von Fachbereich zu Fachbereich unterschiedlich gehandhabt. Zum Teil weisen die Studierenden in einer „Scheinprüfung" nur bestimmte Prüfungsleistungen nach. Hier wird nur der Nachweis der erbrachten Prüfungsleistungen (der Scheine) geprüft. Zum Teil findet im Rahmen der Orientierungsprüfung aber auch eine Art vorgezogene Zwischenprüfung statt, bei der die Motivation des Studierenden und das bisher Erlernte gleichermaßen geprüft werden. Im Idealfall soll die Orientierungsprüfung aber für den Studierenden da sein, da er sich hier nochmals die Frage stellen kann, ob er wirklich das richtige Fach studiert und gegebenenfalls noch frühzeitig die Studienrichtung wechseln kann, anstatt in einem hohen Semester feststellen zu müssen, dass er sich für das falsche Fach entschieden hat.

Kompetenzen bestätigen!

Das häufigste Ziel einer mündlichen Prüfung ist jedoch der Nachweis einer erreichten Qualifikation des Studierenden. So kann man generell nach Zeitpunkt und Umfang der Prüfung zwischen drei Stufen dieser Art von Prüfungen unterscheiden: am Ende eines Seminars oder einer Vorlesung, am Ende eines Studienabschnitts und am Ende des Studiums. Gemeinsam ist diesen Prüfungen, dass es vornehmlich darum geht, zu erkennen, ob der Studierende im Sinne der Fachrichtung einen bestimmten Grad an Bildung und Wissen erreicht hat. Dies wird in der Art der Argumentation, der unter Beweis gestellten Fähigkeiten, des nachgewiesenen Fachwissens und im Besonderen auch durch die sprachliche Ausdrucksfähigkeit eingeschätzt.

Für die Geprüften ist dabei die Faustformel, je größer der Zeitraum des abgeprüften Wissens und je später im Verlauf des Studiums die Prüfung stattfindet, desto intensiver und umfangreicher wird die Prüfung. Eine mündliche Prüfung am Ende einer Veranstaltung umfasst dabei vornehmlich nur den Stoff, der in der Veranstaltung durchgenommen wurde. Eine Zwischenprüfung am Ende des ersten Studienabschnitts umfasst dagegen alle grundlegenden Wissensbereiche der studierten Fachrichtung. Zwar wird dies meist abhängig von den besuchten Seminaren und Vorlesungen gestaltet, ein grundsätzliches Basiswissen im Fachbereich wird dabei aber vorausgesetzt. Generell gilt für Prüfungen innerhalb dieses ersten Studienabschnitts, dass hauptsächlich erworbenes Wissen und grundsätzliche Denkstrukturen der jeweiligen Fachrichtung abgeprüft werden.

In der zweiten Hälfte des Studiums sind in der Prüfung dann die ganz grundlegenden Wissensbereiche der Fachrichtung häufig nur noch Basis der Fragen, nicht aber mehr der Inhalt der Fragestellung selbst. Es geht vielmehr darum, zu zeigen, dass man im Sinne der Fachrichtung tatsächlich Probleme lösen kann und ein umfassenderes und intensiveres Verständnis der Disziplin erreicht hat. Allgemeine Wissensfragen, die auswendig Gelerntes abfragen, sollten bei dieser Art der Prüfung nur als „Aufwärmfragen" am Anfang der Prüfung stehen. Es folgen allerdings nicht alle Disziplinen und Dozenten dieser Grundregel und so kann es passieren, dass selbst in einer Abschlussprüfung immer noch umfangreich nach einzelnen Definitionen oder Begrifflichkeiten gefragt wird. Um hierfür gewappnet zu sein, empfiehlt es sich, den Prüfer als Person näher zu betrachten (siehe dazu den nächsten Abschnitt). Beachten Sie, dass bei einer mündlichen Prüfung im zweiten Studienabschnitt und auch bei einer Prüfung am Ende einer Veranstaltung viel umfassenderes Grundlagenverständnis voraussetzt als noch im ersten Studienabschnitt. Als Tipp für alle Studiengänge gilt daher, möglichst in den grundlegenden ersten Semestern das Lernen besonders ernst zu nehmen, da man hier sehr viele Grundlagen legen kann, die spätere Prüfungen deutlich erleichtern. In hohen Semestern Grundlagenwissen nachzulernen, ist äußerst unangenehm und sehr schwierig, da in späteren Phasen des Studiums dafür eigentlich keine Zeit vorgesehen ist. So kann mancher Studierender ein trauriges Lied davon singen, wie aufwändig und mühsam es ist, eine zweite Fremdsprache, statistische Grundkenntnisse oder gar ein ganzes Latinum neben den vorgesehenen Unterrichtseinheiten nachzuholen. Lesen Sie aufmerksam die Studienordnung und versuchen Sie so viele Anforderungen wie möglich und dies so früh wie möglich zu erfüllen. Das schafft Ihnen Sicherheit und Zeit, die Sie in den späteren Studienphasen gut gebrauchen können.

Abprüfen der Relevanz einer wissenschaftlichen These

Königsdisziplin und Ende aller mündlichen Prüfungen ist die Verteidigung einer wissenschaftlichen These zur Erlangung eines Doktortitels. Ziel einer solchen Prüfung ist tatsächlich das Abprüfen einer wissenschaftlichen Aussage auf deren Haltbarkeit und deren wissenschaftlichen Wert. Erst in dieser Art der Prüfung muss der Geprüfte einen vollständig eigenen Standpunkt aufbauen und argumentativ verteidigen. Diese Prüfung steht aber erst am Ende einer langen intensiven und meist jahrelangen wissenschaftlichen Auseinandersetzung mit der Thematik. Aber auch in anderen Prüfungen kann es durchaus vorkommen, dass Sie eigene Positionen beziehen müssen und selbstständige Gedanken entwickeln sollen.

Vorbereiten auf Prüfer

Ein guter Redner wird vor seiner Rede nicht nur versuchen, die Situation einzuschätzen, er wird auch besonderen Wert auf eine intensive Analyse des Publikums legen. Publikum des Geprüften ist der Prüfer oder die Prüfungskommission. Man sollte versuchen, so viele Eigenschaften und Prüfungsgewohnheiten des Prüfers in Erfahrung zu bringen, wie es einem als Student möglich ist. Wenn der Prüfer nicht sowieso schon aus der jeweiligen Veranstaltung bekannt ist, sollte man auf jeden Fall versuchen, sich in eine Veranstaltung des Prüfers zu setzten. Im Idealfall können Sie sogar bei einer anderen Prüfung als Zuhörer dabei sein. Achten Sie dann besonders darauf, welche Fragen der Prüfer stellt und auf welche Antworten er positiv und auf welche er weniger gut reagiert. In manchen Fachgebieten, zum Beispiel an manchen juristischen Fakultäten, haben die studentischen Fachschaften Sammlungen mit Prüfungsprotokollen zusammengestellt. Um Einblick zu erhalten, muss man sich meist nur verpflichten, im Anschluss an die eigene Prüfung ebenfalls ein solches Protokoll zu verfassen. Lassen Sie sich aber nicht zu sehr davon beeindrucken. Auch wenn ein Protokoll besagt, dass ein Prüfer ein schrecklich „harter Hund" sein soll, so handelt es sich letztendlich nur um eine subjektive Darstellung eines Studenten in einer Stresssituation. An einem anderen Tag kann der Prüfer durchaus freundlicher gestimmt sein oder auf Ihre Person wesentlich positiver reagieren.

Falls Sie sich also nicht, was ideal wäre, direkt in eine Prüfung setzen können, sollten Sie versuchen, möglichst viele Veranstaltungen des Prüfers zu besuchen. Viele Professoren haben bestimmte Leib- und Magenthemen, Bereiche ihrer wissenschaftlichen Arbeit, die ihnen besonders wichtig oder spannend erscheinen. Es sollte einem aufmerksamen Zuhörer daher leicht fallen, diese besonders wichtigen Themengebiete herauszuhören. Wenn in der Veranstaltung Fragen gestellt werden, besonders Fragen des Lehrenden selbst, achten Sie auf deren Beantwortung. Legen Sie besonderen Wert darauf, zu erkennen, wie viel Widerspruch ein Lehrender zu seinen Thesen erlaubt. Sie müssen dem Dozenten auch in einer Prüfung nicht nach dem Mund reden und dessen Meinung einfach nachplappern. Es kann in einer Prüfungssituation allerdings sehr unsinnig sein, zu versuchen, eine der Grundfesten der Überzeugung Ihres Prüfers zu erschüttern.

Ein anderer Zugang zum Verstehen von Ihrem Prüfer ist, zu analysieren, was dieser an schriftlichen Werken verfasst hat. Dabei ist nicht nur wichtig, was er in Ihrem Prüfungsbereich publiziert hat, sondern auch, womit er sich in letzter Zeit beschäftigt hat.

Insgesamt geht vor allem darum, zu verstehen, wie Ihr Gegenüber denkt und was ihm wichtig ist. Erkennen Sie dies, so sind Sie viel eher in der Lage, die richtigen Antworten in der Prüfung zu finden.

Sollten Sie einer Prüfungskommission gegenübertreten müssen, so sollten Sie zuerst deren Zusammensetzung in Erfahrung bringen und welche Funktion welche Person übernehmen wird. So ist der Hauptprüfer auch normalerweise derjenige, der die meisten Fragen stellen wird, der Schriftführende ist dagegen vermutlich eher zurückhaltend mit Fragen.

Der Tag der Prüfung   2.3.2

Direkt vor der Prüfung

Der Tag der Prüfung steht bevor. Sie haben sich gut vorbereitet und den Lernstoff optimal aufbereitet und gelernt. Entspannen Sie am Abend vor der Prüfung. Gehen Sie höchstens überflugsartig nochmals alle Themen durch. Wundern Sie sich nicht, wenn Sie nicht alles sofort abrufbereit haben. Viele Geprüfte haben erst im Moment der Prüfungsanspannung die nötige Konzentration, um das gesamte Wissen abzurufen. Vertrauen Sie auf Ihre gute Vorbereitungszeit und die Leistungsfähigkeit Ihres Gedächtnisses. Gehen Sie zu einer Zeit ins Bett, die Ihnen genügend Schlaf sichert. Legen Sie sich am besten Ihre Kleidung, alle benötigten Unterlagen und Utensilien bereits zurecht, damit Sie am Tag der Prüfung nicht noch chaotisch alles zusammensuchen müssen. Denken Sie auch an etwaige Zulassungsformulare oder Ausweisdokumente. Vergewissern Sie sich, dass Sie auch den richtigen Termin im Kopf haben.

Wählen Sie Kleidungsstücke aus, in denen Sie sich wohl fühlen und die der Prüfungssituation angemessen sind. So kann bei einer mündlichen Prüfung im Fachbereich der Pädagogen ein Strickpulli, bei den Wirtschaftswissenschaften hingegen Hemd und Krawatte angemessen sein. Verlassen Sie sich aber nicht auf Klischees, mancher „Pädagoge" ist formeller als man dies erwarten würde. Fragen Sie am besten bei Studierenden der höheren Semester nach, was in Ihrer Fachrichtung bei dem jeweiligen Prüfer angemessen ist.

Nehmen Sie vor der Prüfung nur Dinge zu sich, deren Wirkung sie kennen. Finger weg von Medikamenten, deren Auswirkungen sie nicht kennen oder nicht 100%ig einschätzen können. Baldrian zum Beispiel kann einen bis zur Denkblockade beruhigen! Seien Sie pünktlich am Prüfungsort. Ideal ist es, ca. 15 Minuten vorher da zu sein.

Vorgehen bei Einzelprüfungen

Jede Prüfung verläuft anders. Alle Hinweise, die in diesem Zusammenhang gegeben werden können, sind höchstens Leitlinien, an denen man sich orientieren kann.

Achten Sie bei Beginn der Prüfung darauf, dass ein Prüfungsgespräch eben auch eine Art Gespräch ist. Dabei sitzen sich letztendlich Menschen gegenüber und diese haben bestimmte Bedürfnisse. Denken Sie daran, dass jede Kommunikationssituation immer einen Sachaspekt (hier den Inhalt der Prüfung), aber auch immer einen Beziehungsaspekt beinhaltet. Versuchen Sie daher, eine gute menschliche Beziehung zu Ihrem Prüfer aufzubauen. Beginnen Sie also mit einer freundlichen Begrüßung. Der Prüfer wird dies sicherlich erwidern. Suchen Sie immer wieder Blickkontakt mit Ihren Prüfern, wenn Sie dies nicht gedanklich durcheinander bringt. Denken Sie daran, ein Gespräch zu führen und dies führen Sie mit dem Menschen gegenüber – egal wie wenig Sie die Situation oder den Prüfer in diesem Moment mögen.

Wenn Sie den Raum betreten, seien Sie nicht überrascht. Prüfungsräume in Universitäten und Hochschulen zeichnen sich meist durch eine erschreckende architektonische Kälte und Kahlheit aus. Achten Sie lieber darauf, ob Sie die Möglichkeit haben, sich eventuell Notizen machen zu können und ob Sie immer alle Prüfer im Blick haben. Wenn Sie als Prüfungsleistung auch einen Vortrag, eine Präsentation oder ein längeres Statement vorbringen müssen, sollten Sie darauf achten, dass sie eine geeignete Position für sich als Redner finden. Gibt es im Raum ein Pult, Flipchart oder eine Tafel? Lassen Sie sich wenn möglich nicht darauf ein, eine längere Rede im Sitzen zu halten, wenn Sie es gewohnt sind, eine Rede stets im Stehen zu halten.

Die meisten Prüfer sind keine Monster und versuchen es den Geprüften leichter zu machen. Immerhin wollen diese lediglich

Ihr vorhandenes Wissen prüfen, nicht Sie sadistisch mit Ihren Wissenslücken quälen. Die meisten Prüfungen beginnen daher mit eher einfachen Basisfragen zum Fachwissen. Denken Sie also keinesfalls zu kompliziert am Beginn der Prüfung. Manche Prüfer beginnen am an Anfang sogar mit gewöhnlichen Alltagsfragen, um die Anspannung zu reduzieren.

Prüfer sind in den allermeisten Fällen auch Dozenten und es somit gewohnt, viel und ausgiebig zu reden. Lassen Sie Ihren Prüfer auf jeden Fall ausreden, auch wenn Sie den Ausgang der Ausführungen schon aus den einschlägigen Veranstaltungen kennen. Ihr Prüfer will Sie vielleicht auf einen bestimmten Aspekt hinleiten oder gibt Ihnen den entscheidenden Hinweis auf die richtige Antwort selbst. Falls die Frage mehrere Teile umfasst oder die Ausführung zu lange ist, machen Sie sich kurze Notizen. Falls Sie darüber im Unklaren sind, ob Sie Notizen machen dürfen, fragen Sie kurz nach. Gewöhnlich ist dies kein Problem. Achten Sie aber darauf, dass Ihr Notizpapier nicht in irgendeiner Art und Weise beschriftet ist. Bei der Beantwortung der Fragen suchen Sie auf jeden Fall den Blickkontakt mit dem Prüfer. Falls Sie die Fähigkeit, Notizen frei vorzutragen, nicht gut beherrschen sollten Sie dies auf jeden Fall vor der Prüfung üben.

Versuchen Sie möglichst gut zu verstehen, was Ihr Prüfer von Ihnen hören will. Wenn Sie die Frage nicht verstanden haben, fragen Sie höflich, aber direkt nach. Sie können die Frage erst korrekt beantworten, wenn Sie diese auch verstanden haben. Ansonsten laufen Sie Gefahr, am Thema vorbeizureden. Binden Sie Ihre Antworten an die Ausführungen des Prüfers an; so zum Beispiel „Wenn ich Ihren Punkt a in Bezug b auf richtig verstehe, dann". Wenn eine Frage schwammig oder unscharf gestellt ist, sollten Sie diese in ihrer Antwort zu präzisieren versuchen. Geben Sie Ihren Antworten immer eine Art kurze Überschrift und führen Sie dann diese weiter aus. Denken Sie daran, dass jeder Redebeitrag wie eine kleine Rede klar und überzeugend strukturiert und vorgetragen sein sollte. Ihr Ziel sollte es bei Ihren Antworten sein, so präzise wie möglich auf die gestellten Fragen und Aufgaben zu antworten. Wenn es Ihnen gelingt, den Prüfern zu zeigen, dass neben dem gerade abgefragten Wissen weiteres Wissen problemlos von Ihnen präsentiert werden könnte, sowohl, was die Breite als auch die Tiefe angeht, dann steht einer guten oder sehr guten Benotung in diesem Bereich kaum etwas entgegen.

Ihre generelle Vorgehensweise könnte man mit „Hören – Verstehen – Antworten" umschreiben. Vorsicht, hier steht nicht „Denken – dann sprechen". Im Gegenteil! Erzählen Sie was Sie denken, und welche Gedankengänge Sie zu Ihrer Antwort bringen. Prüfer wollen merken, dass Sie mitdenken können. Es geht in der Prüfung nicht darum, einfach Wissen abzuspulen – dafür ist eine schriftliche Prüfung viel geeigneter. Es geht in einer mündlichen Prüfung darum, dass der Prüfer erkennt, dass Sie sich in Ihrem Fachgebiet darüber hinausgehend qualifiziert haben, das heißt, dass Sie gelernt haben, eigene fachspezifische Lösungswege zu erarbeiten und anzuwenden.

Wenn Sie eine längere oder mehrgliedrige Antwort auf eine Frage geben wollen, sollten Sie darauf achten, dass Sie Ihre Antwort gliedern und strukturiert vortragen: „Zwei Aspekte fallen mir zu diesem Punkt auf. Zum einen .... Zum anderen..."

Manche Prüfer müssen am Block viele Prüfungen abnehmen. Sie können diesem Prüfer das Leben einfacher machen, indem Sie verwandte Themenbereiche ansprechen. Leiten Sie den Prüfer aber möglichst nur in Bereiche, in denen Sie sich auskennen. Versuchen Sie nicht zu dreist von Wissenslücken abzulenken, indem Sie auf andere Themenbereiche überlenken. Prüfer sind zumeist Profis bei der Abnahme von Prüfungen und haben schon eine Vielzahl von Prüfungen und Geprüften erlebt. Gehen Sie davon aus, dass es ein Prüfer merkt, wenn Sie versuchen von einem Thema zu sehr abzulenken oder wenn Sie gar versuchen, den Prüfer für dumm zu verkaufen!

Beachten Sie bei der Prüfungssituation, dass diese in ihrem Aufbau und vor allem ihren Auswirkungen auf Seiten von Prüfer und Prüfling völlig ungleich strukturiert ist. Für Sie stellt die Prüfung eine absolute Ausnahmensituation innerhalb Ihres Studiums dar. Eine Stunde, die über Erfolg und Misserfolg Ihres ganzen Studiums entscheiden kann. Lange haben Sie sich darauf vorbereitet und nehmen diesen Termin sehr ernst. Und für Ihren Prüfer? Nun, für ihn ist es oftmals reine Routine. Meist haben Hochschulprofessoren dutzendende Prüfungstermine nacheinander. Für sie sind Sie nur ein „Prüfling" von vielen. Es soll schon vorgekommen sein, dass ein Prüfer zu spät kam oder die Prüfung ganz vergessen hat oder unter Zeitdruck, da der nächste Termin bevorstand die Prüfungszeit kurzerhand halbiert hat. Rechtlich ist dies nicht einwandfrei und Sie können sich als Student dagegen wehren – die Prüfung wird dadurch aber nicht einfacher und das Verhältnis zu Ihrem Prüfer nach einem Rechtsstreit auch nicht entspannter.

Wenn die Prüfung vorbei ist und die Prüfer Sie zur Notenbesprechung vor die Tür bitten, verabschieden Sie sich positiv und optimistisch. Zeigen Sie sich zuversichtlich, egal wie Sie selbst die Situation einschätzen. Sie als Geprüfter können in dieser Situation am wenigsten einschätzen, wie sie auf die Prüfer gewirkt haben. Ein unsicherer Abgang kann aber im Gesamteindruck den einen entscheidenden Tick nach unten bei der Notengebung bewirken.

Prüfungssprache meistern!

Ein Aspekt, der von Studierenden oftmals unterschätzt wird, ist die Bedeutung ihrer sprachlichen Gewandtheit. Natürlich ist ein sprachgewandter Redner für die Prüfung in einer besseren Ausgangslage, da er leichter die einzelnen Sachverhalte differenziert darstellen kann und somit präzisere und klarere Antworten geben kann.

Denken Sie daran, dass die meisten Prüfungen nachweisen sollen, dass Sie eine bestimmte Qualifikation einer Wissensdisziplin erreicht haben. Dazu gehört es eben auch, dass man bestimmte Fachausdrücke im richtigen Kontext verwendet. Versuchen Sie, bereits in den Vorlesungen und Seminaren, sich in die Art des Sprechens Ihrer Dozenten hineinzuhören und diesen Sprachstil zu erlernen. Es geht dabei nicht darum, Ihren Dozenten nachzuahmen. Vielmehr sollen Sie in die Lage kommen, Ihren späteren Prüfer besser zu verstehen und gleichzeitig dazu beitragen, dass Ihr Prüfer Ihre Antworten besser verstehen kann. Sie würden ja auch beispielsweise abends mit Ihren Freunden bei einem gemütlichen Zusammensein sicherlich in einer anderen Art sprechen als zum Beispiel mit einem Polizisten bei einer Verkehrskontrolle oder mit einem Ihnen fremden Verkäufer in einem Kaufhaus. Damit eine Kommunikation mit einer anderen Person gut gelingen kann, ist es wichtig, mit dem Gesprächspartner auf die gleiche kommunikative Ebene zu kommen.

Achten Sie in den Seminaren und Vorlesungen besonders auf Fragen, die Ihr Dozent stellt. Legen Sie besonderen Wert darauf, welche Worte der Dozent verwendet und mit welcher Wortwahl er Antworten auf Fragen gibt. Mit ein wenig Übung findet man sehr schnell Formulierungen und Fachausdrücke, die in Ihrer Disziplin wichtig sind. Versuchen Sie im nächsten Schritt, Fragen und Antworten genau in diesem Sprachstil zu entwerfen und zu formulieren. Nach einer gewissen Zeit geht diese Art zu sprechen in Ihre normale Sprachfähigkeit über.

Leider erreichen viele Studierende in Ihren Prüfungen oftmals nicht die Leistung, für die Sie zuvor gelernt haben. Oft werden viele Punkte verschenkt, weil nicht verstanden wird, was der Prüfer hören will. So werden auf Fragen nach kurzen Definitionen oder Auflistungen von gelernten Inhalten lange Ausführungen diskutiert, die dann den fälschlichen Eindruck erwecken, als würde sich der Geprüfte um die Antwort aus Unwissenheit drücken. Achten Sie also genau auf die Formulierung der Fragen. Im nächsten Abschnitt finden Sie einige der wichtigen Frageformen und was sie bedeuten.

Einfache Fragen nach dem gelernten Inhalt

„Nennen Sie mir ...“ / „Zählen Sie auf...“
Hier sollen Sie nur Punkte, Argumente, Fakten oder Ähnliches auflisten. Achten Sie dabei auf die Reihenfolge und ob Sie eine abschließende Aufzählung ankündigen („Es gibt ...,“ „Insgesamt sind ...“) oder ob es noch mehr Punkte geben kann („Unter anderen sind zu erwähnen...“).

„Wie definieren Sie ..." / „Wie wird XY bei AA dargestellt?"
Gefragt wird nach einer Definition, einer Lehrbuch- oder Expertenmeinung. Diese sollten Sie möglichst „wortgetreu" wiederholen können.

„Beschreiben Sie in eigenen Worten ..."
Hier wird von Ihnen erwartet, dass Sie den gelernten Inhalt in eigenen Worten wiedergeben. Achten Sie aber auf die angemessene Verwendung der geforderten Fachsprache. Eigene Worte bedeutet nicht im „Straßenalltagsslang" etwas zu beschreiben, sondern Sie sollen hier zeigen, dass Sie nicht nur die Worte auswendig gelernt haben, sondern dass Sie deren Inhalt verstanden haben.

„Illustrieren Sie folgenden Aspekt..." / „Erklären Sie anhand von Beispielen..."
Etwas zu illustrieren oder mit Beispielen zu erklären, fordert von Ihnen, dass Sie das eigentliche Wissen noch zusätzlich mit Beispielen untermauern sollen. Für die Beantwortung einer solchen Frage empfiehlt sich eine Zweiteilung der eigenen Antwort. Erklären Sie zuerst den geforderten Aspekt in neutral wissenschaftlicher Form und geben Sie im zweiten Teil Ihrer Antwort dann jeweils ein passendes Beispiel dazu. Sie können meist bei einer solchen Frage punkten, wenn es Ihnen gelingt, zu zeigen, dass Sie nicht nur die Theorie, sondern auch deren Umsetzung verstanden haben.

„Zeichnen Sie nach..." / „Skizzieren Sie kurz ..." / „Fassen sie zusammen..."
Hier sollen Sie überblicksartig einen Wissensbereich schildern. Stellen Sie die Gesamtheit dar und benennen Sie die einzelnen Teile. Wichtig ist dabei eher der Überblick statt eventuelles Detailwissen. Dies wird meist erst in den nachfolgenden Fragen abgeprüft.

Komplexere Fragestellungen

„Wie würde man ... anwenden?"
Ähnlich wie bei der Verwendung eines Beispiel sollen Sie hier zeigen, dass Sie die Theorie verstanden haben und in der Lage sind, diese auf die Praxis übertragen zu können.

„Erklären Sie bitte ..."
Bei einer solchen Frage sollen Sie tiefer auf Zusammenhänge eingehen. Sie können die Frage manchmal leichter beantworten, wenn Sie sich vorstellen, der Prüfer hätte die Frage mit „Wie", „Weshalb" oder „Warum" formuliert.

„Wie würden Sie ... von ... unterscheiden?" / „Vergleichen Sie ... mit..."
Schildern Sie die Merkmale der Fragegegenstände und zeigen Sie die wesentlichen Unterscheidungsmerkmale. Nehmen Sie dabei Bezug auf die Unterschiede, zeigen Sie aber auch, dass Sie die Gemeinsamkeiten erkannt haben. Dies zeigt, dass Sie den Sachverhalt in Gänze verstanden haben und bringt meist Pluspunkte.

„Belegen Sie ..."
Hier ist logische und überzeugende Argumentation gefordert. Schildern Sie dazu den aufgeworfenen Aspekt und leiten Sie dann dessen Beweis logisch her.

„Beurteilen Sie..." / „Analysieren Sie ..." / „Interpretieren Sie ..."
Bei einer solchen Fragestellung müssen Sie etwas weiter ausholen. Sie müssen für die Beantwortung den gefragten Aspekt auf vorgegebene oder selbst bestimmte Kriterien hin analysieren und dabei die Abhängigkeit der Teile untereinander zeigen. Dabei dürfen und sollen Sie auch eigene Standpunkte einnehmen und Bewertungen zeigen. Achten Sie darauf, dass Sie dies sprachlich sauber trennen, damit der Prüfer immer Ihr Wissen von Ihrer Meinung trennen kann. Bewährt hat sich, zuerst eine neutrale Darstellung der Aspekte vorzunehmen und dann den eigenen Standpunkt zu schildern. Leiten Sie Ihre eigene Meinung zur besseren Erkennbarkeit auch sprachlich ein, zum Beispiel mit „Meiner Meinung nach...".

„Diskutieren Sie..." / „Kommentieren Sie ..."
Ähnlich wie im Beurteilen, Analysieren und Interpretieren müssen Sie hier einen Aspekt viel breiter und tiefergehend und nach Möglichkeit von verschiedenen, oft kontroversen Standpunkten aus prüfen und darlegen. Eine solche Art der Fragestellung wer-

den Sie vermutlich erst gegen Ende Ihres Studiums oder erst bei der Verteidigung Ihrer Doktorarbeit beziehungsweise einer Habilitation erleben.

Bei all diesen sprachlichen Gegebenheiten sollten Sie aufmerksam gegenüber der Formulierung sein, aber stets bedenken, dass ein Prüfer auch nur ein Mensch ist und durchaus eine Frage unsauber stellt. Wenn Sie nicht sicher sind, wie Sie die Frage beantworten sollen, fragen Sie einfach kurz nach.

Faden verloren?

Sie haben sich gerade Ihre Antwort überlegt und beginnen zu sprechen und plötzlich bleiben Sie stecken. Was machen Sie bei einem solchen „Hänger" bzw. wie finden Sie Ihren roten Faden wieder? Die erste Möglichkeit, um wieder in den Redefluss zu kommen ist, Ihr zuletzt gesprochenes Wort, Ihren letzten Satz oder Ihren letzen Gedanken zu wiederholen. Falls Sie jetzt Ihren roten Faden noch nicht wieder aufnehmen konnten, fassen Sie den letzten Absatz beziehungsweise Sinnabschnitt zusammen. Sollten Sie sich Notizen gemacht haben, orientieren Sie sich anhand Ihrer Notizen und sprechen Sie dann wieder mit dem Prüfer. Notizen sind nur zum Nachschauen, ansehen sollen Sie Ihr Publikum, also Ihre Prüfer. Wenn Sie noch immer keine Idee haben, fassen Sie Ihren Beitrag bis zu dieser Stelle zusammen.

Sollte nichts mehr helfen, lächeln Sie und bekennen Sie ehrlich Ihre Situation. Kaum ein Zuhörer oder Prüfer ist wirklich böse oder reagiert in einer solchen Situation ärgerlich. Die meisten Prüfer werden diese Situation einfach gedanklich abhaken, Ihrer Nervosität zuschreiben und Sie nach dem Teilaspekt fragen, der Ihnen gerade entfallen ist.

Trösten Sie sich: Auch erfahrene und routinierte Redner haben ab und zu einen „Hänger".

Vorgehen bei Gruppenprüfungen

In manchen Disziplinen, wie zum Beispiel bei der juristischen Staatsprüfung, ist es bei mündlichen Prüfungen üblich, in einer

Gruppe geprüft zu werden. An sich ist es bei dieser Art der Prüfung grundsätzlich wie in einer Prüfung, bei der nur Sie allein geprüft werden: Der Hauptprüfer stellt Ihnen Fragen, der Protokollant notiert Ihre Antworten und Sie sollten die Fragen möglichst gut beantworten.

Im Ablauf werden sich jedoch zum Teil deutliche Unterschiede zeigen. So ist es zuweilen üblich, dass Sie vor der eigentlichen Prüfung ein kurzes Vorstellungsgespräch mit Ihrem Hauptprüfer haben. Nutzen Sie diese Chance, den Prüfer ein wenig kennenzulernen. Wichtig ist hier, dass Sie eine Beziehung zu Ihrem Prüfer aufbauen können. Denken Sie an Hinweise aus dem Kapitel „Vorstellung der eigenen Person". Wenn die Prüfung begonnen hat, werden Sie mit mehreren anderen Geprüften in einem Raum sein. Wie viele Personen gleichzeitig geprüft werden, kann sehr unterschiedlich sein. Die Prüfer werden nun nacheinander Fragen an die einzelnen Geprüften stellen. Normalerweise achten die Prüfer dabei darauf, dass die Fragen jeweils ähnlich schwer sind. Manche Prüfer erklären das generelle Vorgehen zu Beginn der Prüfung nochmals.

Sie sollten während der Prüfung immer voll konzentriert bleiben. Auch wenn es anfangs nicht den Anschein haben mag, so kann es sein, dass die Prüfer unvermittelt in der Reihenfolge springen oder Ihr Vorgänger eine Frage nicht beantworten kann und der Prüfer Sie spontan nach der Antwort fragt, oder Sie auffordert, Ihrem Kommilitonen zu helfen. Wenn der Prüfer eine Frage stellt, versuchen Sie, diese zumindest in Gedanken zu beantworten, auch wenn Sie nicht an der Reihe sind.

In einer Gruppenprüfung steckt man als Geprüfter immer in der Zwickmühle, dass man gerne besser als die anderen Geprüften dastehen möchte, dies aber ein zum Teil schwieriges Unterfangen sein kann. Um nun während einer Prüfung zu punkten, müssen Sie das Wort ergreifen dürfen. Der beste Weg, um auf sich aufmerksam zu machen ist es, aktiv den Blickkontakt mit dem Prüfer zu suchen. Wenn der Prüfer Sie wahrnimmt und erwartet, dass Sie die Frage beantworten können, wird er Sie vermutlich drannehmen. Darauf verlassen können Sie sich jedoch nicht. Es soll immer noch Prüfer geben, die versuchen, aktiv

Schwächen zu finden und diese beim Geprüften bloßzustellen. Ein solcher Prüfer wird Sie dann besonders aufrufen, wenn Sie den Blickkontakt mit ihm zu vermeiden versuchen. Glücklicherweise sind die meisten Prüfer jedoch daran interessiert, vorhandenes Wissen abzuprüfen und prüfen sehr fair.

Eine der unangenehmsten Situationen in einer solchen Gruppenprüfung ist es, wenn der gerade Befragte die Antwort nicht weiß, Sie aber diese selbst im Schlaf richtig geben könnten. Was Sie auf jeden Fall vermeiden sollten, ist ein streberhaftes Aufzeigen im Sinne eines „Herr Lehrer, ich weiß es aber." Streber sind meist nicht besonders beliebt. Auch nicht in mündlichen Prüfungen. Blicken Sie ruhig und direkt Ihren Prüfer an. Er wird normalerweise verstehen, was dies zu bedeuten hat. Wenn er Sie nicht fragen will, so haben Sie kaum eine Chance, ihn zu dazu zu zwingen. Vermeiden Sie ein späteres Bezugnehmen auf bereits beantwortete Fragen im Sinne von „Die Frage des Vorredners hätte ich gewusst...". Generell sollten Sie es tunlichst vermeiden, qualifizierende Bemerkungen über Ihre Mitgeprüften abzugeben. Die Bewertung geben die Prüfer ab, nicht Sie! Wenn Sie versuchen, die anderen schlechter aussehen zu lassen, werden Sie sich vermutlich nur selbst schaden. Beachten Sie, dass in einer mündlichen Prüfung neben dem fachlichen Wissen auch immer Ihre Sozialkompetenz zählt.

Dass Sie die Antwort wissen, die Anderen aber nicht, ist der eine Fall. Es kann aber auch sein, dass Sie einen besonders guten Mitgeprüften in Ihrer Prüfungsgruppe haben. Jemand, der scheinbar auf alles eine Antwort hat und einfach nur brillant auf die Prüfer wirkt. Lassen Sie sich nicht davon irritieren. Die Noten werden nicht im Vergleich gegeben, sondern es zählen Ihre richtigen Antworten. Außerdem sollten Sie die anderen nicht überschätzen; manch ein großspurig Agierender, ist bei genauer Betrachtung dann doch nur ein „Dampfplauderer".

Exkurs: Prüfungsangst

Wenn ein Mensch mit einer unbekannten Situation konfrontiert wird, mischt sich frohe, erwartungsvolle Anspannung mit einen Gefühl der Angst. Wenn eine (mündliche) Prüfung bevorsteht,

dann lässt das die wenigsten Studierenden wirklich kalt. Zu un-
bekannt und unkalkulierbar erscheint das, was auf einen zu-
kommt. Damit sind Sie nicht allein. Von den größten Rednern
der Geschichte ist bekannt, dass sie Angst vor ihrem Redeauftritt
hatten. So ist sogar vom wahrscheinlich größten Redner der rö-
mischen Antike, Cicero, bekannt, dass er deshalb immer einen
Talisman dabei hatte. Wenn Sie das beruhigt und Sie sich dann
besser fühlen – scheuen Sie sich nicht, einen kleinen Glücksbrin-
ger mitzunehmen. Achten Sie aber darauf, dass dieser nicht allzu
auffällig ist. Der Aufbau eines ganzen „Kuscheltierzoos" auf dem
Prüfungstisch wirkt bei den Prüfern eher unseriös.

Wer Angst hat, der agiert nicht frei und bringt nicht die kreativen Höchstleistungen, die für eine mündliche Prüfung nötig
sind. Wenn Sie Ihre Prüfungsangst in den Griff bekommen wollen, sollten Sie sich eine zentrale Frage stellen: „Wovor haben Sie
Angst?". Haben Sie die Quelle Ihrer Angst entdeckt, so können
Sie etwas dagegen unternehmen. Vier Aspekte sollten Sie bei
diesem Thema bedenken: den Umgang mit dem Inhalt der Prüfung, die Prüfungssituation an sich, Ihren Prüfer und Ihre bisherigen Erfahrungen.

Der Inhalt der Prüfung macht Angst

Nichts macht mehr Angst, als eine schlechte Vorbereitung. Wenn
Sie den Lernstoff nicht gelernt haben, dann helfen Ihnen auch die
besten Tricks und Tipps nichts, um Ihre Prüfungsangst in den
Griff zu bekommen. Eine gute inhaltliche Vorbereitung ist der
erste Schritt, die Prüfung mit Bravour zu bestehen. Beachten Sie
dazu die Tipps im Kapitel „Lernen zu lernen". Wenn Ihnen dann
doch noch der eine oder andere Punkt unklar geblieben ist, scheu-
en Sie sich nicht, einen Experten zu fragen. Dazu müssen Sie
nicht gleich Ihren Professor für jede Frage kontaktieren. Oftmals
können einem Studierende aus höheren Semestern, die diese
Prüfung bereits bestanden haben, weiterhelfen.

Wenn Sie sich auf die Prüfung vorbereiten, sollten Sie immer
das fachliche Gespräch mit Ihren Studienkollegen suchen. Zum
einen können diese einem bestimmte unklare Punkte oftmals gut

erklären. Zum anderen können Sie Ihr eigenes Wissen sehr viel besser vertiefen, wenn Sie es einer anderen Person erklären müssen. Wie Sie eine Lerngruppe organisieren, um Ihre Prüfung als Team zu bewältigen, lesen Sie im nächsten Kapitel. Als vielleicht wesentlichster Aspekt für die Bekämpfung Ihrer Prüfungsangst ist jedoch, dass Sie im direkten Vergleich mit den anderen Kommilitonen, die auf diese Prüfung lernen, viel leichter Ihre eigene Kompetenz einschätzen können. Meist stellt man sich die Prüfung unmenschlich schwer vor, tatsächlich werden die meisten Geprüften die Prüfung bestehen. Ihre Mitstudierenden sind ja auch nur ganz normale Menschen und die Mehrzahl von ihnen wird die Prüfung bestehen.

Die Prüfungssituation an sich

Wenn die Prüfungssituation selbst Angst macht, so sollte man sich zuerst den Raum, in dem die Prüfung stattfinden wird, ansehen. In einem Raum, der Ihnen nicht mehr völlig fremd ist, fühlen Sie sich vielleicht weniger unwohl.

Bei manchen Prüfungen besteht die Chance, sich als Zuschauer mit hineinzusetzen. Nutzen Sie diese Gelegenheit. Sie können sich dabei sehr gut ein Bild vom Ablauf, dem Verhalten der Prüfer und der Prüfungssituation generell machen. Es wird Ihnen in der Prüfung selbst viel leichter fallen, sich auf den Inhalt zu konzentrieren, wenn Sie den Ablauf bereits kennen.

Wenn Sie bei Ihrer mündlichen Prüfung Angst haben, dass Sie das Publikum stören oder ablenken könnte, informieren Sie sich über die formellen Prüfungsregeln. In praktisch allen Fällen einer mündliche Prüfung ist es möglich, einen Ausschluss des Publikums zu verlangen.

Die zweitbeste Methode, sich über den Ablauf der Prüfung ein Bild zu machen, ist es, Studierende zu befragen, die diese Prüfung schon hinter sich gebracht haben. Dieses Vorgehen ist aber mit sehr viel Vorsicht zu betrachten. Denken Sie immer daran, dass es sich hierbei um den subjektiven Bericht eines Betroffenen handelt, der unter einer starken psychischen und meist auch physischen Anspannung stand. Befragen Sie daher möglichst immer mehrere

Personen, sodass Sie ein möglichst umfassendes Bild der Prüfungssituation gewinnen können. Achten Sie auch darauf, dass Sie vornehmlich die Erfahrungsberichte von Geprüften, die die Prüfung bestanden haben, einholen. Menschen, die eine negative Erfahrung gemacht haben, und eine nicht bestandene Prüfung fällt sicherlich hierunter, neigen dazu, die Schuld überall, nur nicht bei sich selbst zu suchen. So kann es vorkommen, dass solche Befragte ein geradezu schockierendes Bild über Prüfer und Prüfung aufzeigen. Wenn Sie der Erzählung schon nicht mehr entgehen können und der Befragte in grässlich schillernden Farben den Prüfer als ein blutsaugendes Monster und die Prüfung als die real gewordenen Hölle beschreibt, hören Sie sich die Horrorgeschichte an, versuchen Sie den grundsätzlichen Ablauf der Prüfung zu verstehen und haken Sie den Rest als nette Geschichte ab.

Ihr Prüfer als Quelle Ihrer Angst

Gerade wenn man vor einer Prüfung sehr nervös ist und man schon mit Vielen darüber gesprochen hat, entwickelt sich manchmal das Bild des Prüfers, dessen größte Freude im Leben es ist, die Studierenden zu malträtieren. Jeder kennt die eine oder andere Geschichte von dem Prüfer, bei dem man keine Chance hat und der deswegen schon den Beinahmen „Exmatrikulator" trägt. Dies ist aber gegenüber den meisten Prüfern schlichtweg ungerecht. Es mag an der einen oder anderen Universität noch „den schlimmen Prüfer" geben, bei näherer Betrachtung stellt sich aber meist heraus, dass kein Prüfer so schlimm ist, wie er beschrieben wird.

Sollte das Verhältnis zu Ihrem Prüfer sich so schwierig gestalten, dass Sie sich nicht mehr vorstellen können, dass man Ihnen eine faire Prüfung gewährleisten kann, so sollten Sie als letztes Mittel in Betracht ziehen, den Prüfer zu wechseln beziehungsweise zu vermeiden. Nähere Informationen dazu erhalten Sie von Ihrem zuständigen Prüfungsamt.

Ihre bisherigen Erfahrungen

Ob man vor einer Prüfung Angst hat oder diese als eine besondere Herausforderung wahrnimmt, hängt stark davon ab, welche früheren Erfahrungen man bisher gesammelt hat. Hat man bereits eine Prüfung nicht bestanden, so verdunkelt diese Erfahrung die eigenen Gedanken und Stimmungen, wie eine dunkle Gewitterwolke die Sonne verdecken kann. Leider neigen die meisten Menschen dazu, nun immer an diese eine schlimme Erfahrung zu denken, wenn sie wieder in eine Prüfungssituation kommen. Versetzt man sich aber in eine solche angespannte Lage, macht man sich das Leben schwerer als es sein müsste.

Versuchen Sie, positive Referenzerfahrungen aus Ihrem bisherigen Leben zu nutzen, um sich selbst in die richtige Stimmung für die Prüfung zu versetzen. Denken Sie dazu an ein Ereignis in Ihrer Vergangenheit, bei dem Sie etwas besonders gut gemacht haben. Es sollte ein Ereignis sein, bei dem Sie aus eigener Kraft heraus etwas bewirkt haben, auf das Sie stolz sind. Versetzen Sie sich möglichst deutlich in die damalige Situation. Stellen Sie sich vor, wer damals dabei war, welche Kleidung sie trugen, wie Sie sich dabei fühlten und vor allem wie Sie sich danach fühlten! Versuchen Sie dieses Gefühl mit in die Prüfung zu nehmen.

Wenn es Ihnen schwer fällt, vor einer Gruppe von Menschen das Wort zu ergreifen, so sollten Sie sich schon im Vorfeld der eigentlichen Prüfung Möglichkeiten schaffen, dies zu üben. Eine geradezu ideale Möglichkeit bieten dazu die immer weiter verbreiteten studentischen Debattierclubs. Falls an Ihrer Hochschule noch kein solches Angebot existieren sollte, können Sie alle nötigen Informationen für die Gründung und den Aufbau eines solchen Clubs unter www.streitkultur.net bekommen. Weitere Literaturhinweise zu diesem Thema finden Sie im Anhang.

Wenn die Tipps und Ratschläge in diesem Kapitel Ihnen nicht ausreichend helfen, so sollten Sie sich bei Ihrer Hochschule nach psychologischer Hilfestellung informieren. Nein, damit ist nicht gemeint, dass Sie jetzt gleich eine Therapie brauchen. Aber die Personen dort sind speziell für die Beantwortung solcher Fragestellungen ausgebildet und hören die Frage, wie man mit Prüfungsängsten umgehen kann, immer wieder und können deshalb meist sehr gut weiterhelfen.

Die Prüfungsnachbereitung: Nach der Prüfung ist vor der Prüfung   2.3.3

Beruhigen, Belohnen, Leben! So können Sie die die Schritte nach der Prüfung zusammenfassen. Egal wie die Prüfung lief. Entspannen Sie sich. Auch dürfen Sie sich ein wenig belohnen. Immerhin haben Sie sich vielleicht lange auf die Prüfung vorbereitet, eventuelle Ängste überwunden und die Prüfungssituation durchgestanden. Das ist jetzt erst mal vorbei und Sie können sich wieder Ihrem „normalen" Leben zuwenden.

Eine rhetorische Situation bliebe aber noch: die Notenbekanntgabe. Viele mündliche Prüfungen sind so konzipiert, dass direkt im Anschluss eine kurze Notenbesprechung stattfindet und Sie direkt Ihre Note erfahren. Der wichtigste Punkt dabei für Sie ist, dass Sie die Note jetzt nicht mehr beeinflussen können. Hören Sie sich das Urteil an. Wenn Sie mit der Notengebung nicht einverstanden sind, können Sie nachfragen, wie diese zustande gekommen ist. Allerdings nur unter dem Hinweis, dass Sie gerne bei der nächsten Prüfung besser sein möchten und nun wissen wollen, was Sie besser machen können. Versuchen Sie nicht, die Note neu auszuhandeln oder gar die Prüfer zu einer anderen Notengebung zu nötigen. Die meisten Prüfer werden darauf sehr negativ reagieren. Bei offensichtlichen Fehlbenotungen oder Verfahrensfehlern können Sie natürlich Einspruch erheben. Bedenken Sie aber, dass dies auch langwierige Verwaltungs- oder gar Rechtsstreitereien nach sich ziehen kann. In den allermeisten Fällen erreichen Sie für sich mehr, wenn Sie erfahren, wie Sie eine bessere Note hätten erreichen können. Selten ist eine Prüfung nur einmalig möglich. In den meisten Fällen haben Sie noch mindestens zwei weitere Chancen, die Prüfung zu bestehen oder gar einen Verbesserungsversuch. Nutzen Sie Ihre Chance und trauern Sie nicht der vermasselten Prüfung nach, frei nach dem Motto: „Nach der Prüfung ist vor der Prüfung!"

Gemeinsam arbeiten! Teamwork im Studium   2.4

Häufig klagen Studenten darüber, dass sie als Einzelkämpfer durch ihr Studium gehen müssen. Es gibt aber einige Möglichkeiten, zusammen mit Kommilitonen zu lernen, zu arbeiten und das Studium zu bewältigen. Allerdings lauern in der Gruppenarbeit einige Fallgruben und Hindernisse, die man für eine erfolgreiche Zusammenarbeit umgehen oder überspringen muss. Deshalb geht es im Folgenden darum, die Besonderheiten von Lerngruppen, Vorbereitungsrunden für Mehr-Personen-Referate und andere Studiengruppen zu beleuchten.

Gruppenreferate: In vier Phasen zum Erfolg   2.4.1

Sollten Sie also in die Situation kommen, dass Sie Ihr Referat nicht alleine halten, sondern in einer Gruppe präsentieren sollen, so ist die Koordinierung der Beteiligten ein entscheidender Schlüssel zum gemeinsamen Erfolg. Je größer dabei die Gruppe ist, desto schwieriger wird naturgemäß die Koordination. Üblich sind Gruppengrößen zwischen zwei und sieben Teilnehmern. Am häufigsten anzutreffen sind dabei Gruppenreferate, die von zwei bis vier Referenten gehalten werden.

Das Ziel für die Gestaltung der Zusammenarbeit, auf das sich die meisten Teilnehmer einigen können, ist die effektive und effiziente Nutzung der zur Verfügung stehenden Zeit zur optimalen Vorbereitung des gemeinsamen Referats. Es ergeben sich grob vier Phasen, in die sich das weitere Vorgehen gliedert, in denen an die Gruppe spezifische Anforderungen gestellt werden.

Vier Phasen der Referatserarbeitung

- Orientierung
- Erarbeitung der Inhalte
- Erarbeitung der Präsentation
- Präsentation des Referats

1. Phase: Orientierung

Nach der Vergabe des Referatsthemas und der Gruppeneinteilung sollten Sie sich zumindest kurz mit Ihren Gruppenpartnern treffen, um ihre Kontaktdaten (Telefonnummer, E-Mail-Adresse) auszutauschen und möglichst schon ein erstes Treffen zur weiteren Sondierung der Aufgabe terminieren. Es ist hilfreich, schon zu diesem Zeitpunkt eine kurze Vorstellungsrunde zu machen, in der jeder seinen Namen und eventuell seine Studienrichtung (so sie von der Mehrheit abweicht) nennen sollte. Versuchen Sie sich die Namen der anderen Referenten, so sie Ihnen noch nicht bekannt sind, zu merken. Es erleichtert die Zusammenarbeit und ist zudem ein Gebot der Höflichkeit.

Das erste Treffen der Referatsgruppe dient vor allem dem gegenseitigen Kennenlernen und der Organisation der weiteren Zusammenarbeit. Da in Referatsgruppen häufig sehr unterschiedliche Charaktere und Arbeitsweisen aufeinander prallen, sollten sich die Teilnehmer möglichst früh auf eine gemeinsame Vorgehensweise verständigen. Dabei geht es darum, 1. organisatorische Fragen zu klären, 2. das Thema inhaltlich einzugrenzen und 3. erste Gedanken zur Präsentationsform auszutauschen. Es ist hilfreich, wenn alle Referenten sich auf einen Ablauf, quasi eine Tagesordnung, einigen, die dann Punkt für Punkt abgearbeitet werden kann. Ein Gruppenmitglied sollte die Ergebnisse der einzelnen Punkte kurz schriftlich festhalten und allen anderen später zugänglich machen. Trotzdem sollte gerade das erste Treffen zu Beginn und zum Schluss Raum für Small-Talk und Gespräche neben den eigentlichen Themen bieten.

Die organisatorischen Fragen, die im Laufe des Treffens geklärt werden müssen, sind schnell und einfach zu beantworten und können deshalb am Anfang als Auftakt beantwortet werden.

Als erstes gilt es zu klären, wie lange das aktuelle Treffen dauern kann bzw. dauern sollte. Zur Klärung der wichtigen Fragen müssen alle Referenten anwesend sein. Eine zentrale Frage, die sich alle Referenten beim ersten Treffen stellen müssen, ist: Wie sieht der Zeitplan bis zum Vortrag des Referates aus? Bis wann müssen welche Schritte jeweils erledigt sein, damit das Ergebnis rechtzeitig fertig ist? Dabei ist besonders darauf zu achten, welche Aufgaben von Vorarbeiten abhängig sind. Für die Erledigung dieser Aufgaben sollten konkrete Fristen gesetzt werden, damit nicht das ganze Unternehmen aufgrund von Verzögerungen in kleinen Teilbereichen ins Stocken gerät. Planen Sie zudem auch Phasen der Korrektur bzw. Überarbeitung ein. In diesem Zusammenhang sollte auch geklärt werden, wann das nächste Treffen der Gruppe angesetzt wird.

Dazu kommt die Ortsfrage: Wo trifft sich die Gruppe das nächste Mal für Arbeitssitzungen? Diese Frage muss nicht abschließend geklärt werden, doch bieten die unterschiedlichen Arbeitsorte verschiedene Vor- und Nachteile, die in der Gruppe zur Sprache kommen können. Besonders geeignet sind die hierfür vorgesehenen Arbeitsräume in der Universität. Eine weitere gute Möglichkeit sind Privaträume in der Wohnung oder WG eines Referenten. Allerdings muss dabei gewährleistet sein, dass nicht ständig Unterbrechungen und Ablenkungen im privaten Bereich ein konzentriertes gemeinsames Arbeiten behindern. Treffen in Cafés oder im Park haben den großen Nachteil, dass die ablenkenden Faktoren sehr groß sind und die Konzentration im Allgemeinen eher leidet.

Der nächste Fragenkomplex, den die Gruppe beantworten muss, dreht sich um das Thema des Referats und seine inhaltliche Eingrenzung. Am Anfang sollte ein Brainstorming stehen, in dem die Elemente, die in dem Referatsthema stecken, offengelegt werden. Hier sollten Sie besonders unvoreingenommen und gründlich überlegen, was Ihnen zu dem Thema einfällt. Beginnt man zu schnell mit einer Festlegung der zu bearbeitenden Themenblöcke, dann kann es sein, dass man kleine, aber wichtige Details übersieht, die das Referat bereichern können.

In einem zweiten Schritt kommen die Probleme des Themas zur Sprache. Jedes Thema hat seine spezifischen Schwierigkeiten, wenn man sich im Hinblick auf ein Referat mit ihm beschäftigt. Es gibt drei Bereiche, die häufig Klärungsbedarf enthalten: Zum einen ist es das reine Verständnis der Aufgabenstellung oder einzelner Begriffe. Falls hierzu bei einzelnen Gruppenmitgliedern Fragen bestehen sollten, dann versuchen Sie diese gemeinsam zu klären. Sollten Sie die Verständnisfragen auch nach intensiver Recherche beim nächsten Arbeitstreffen noch nicht zweifelsfrei klären können, so sollten Sie den Dozenten bitten, Ihnen auf die Sprünge zu helfen. Nach dem Brainstorming stellt sich oft die Frage nach einer klaren Abgrenzung des Themas: Welche Aspekte gehören noch mit zur Aufgabenstellung und welche Teilbereiche sind nicht mehr zu behandeln? Hilfreich ist es hier, noch einmal genau die Aufgabenstellung zu studieren und an Hinweise des Dozenten zu erinnern, um eventuell Hinweise zur Lösung dieser Frage zu finden. Ein weiterer Weg führt über eine gemeinsame Definition der zentralen Begriffe und der strittigen Bereiche. Mit einer klaren Definition des Kernbereichs des Themas in Verbindung mit der Aufgabenstellung ist eine Entscheidung über die Zugehörigkeit einzelner Gebiete zum Referat leichter zu beantworten. Der dritte Problembereich kann in der Quellenlage und dem Datenzugang liegen. Sollten Sie hierbei an Grenzen stoßen, so sollten Sie den Dozenten schnell informieren, sodass er Sie ggf. mit schwer lieferbaren Büchern, nicht mehr zu bekommenden Aufsätzen oder Datensätzen versorgen kann.

Ein sehr spannender Bereich ist die Gliederung des Referates und die Verteilung der Referatsabschnitte an die Referenten. Dabei sollte zunächst geklärt werden, in welche sinnvollen Abschnitte sich das Referatsthema gliedern lässt. Dabei sollten die Abschnitte vom Arbeitsaufwand her ungefähr gleich groß sein, damit jeder Referent vergleichbare Leistungen für die Gesamtnote erbringen kann.

Danach geht es um die Verteilung der Aufgaben. Dabei gilt oft: Wer als Erster fordert, der gewinnt. So keine einvernehmliche Lösung zu Stande kommt, d.h. einzelne Referatsthemen von mehreren Referenten begehrt werden, gilt es einen Modus für die Lösung dieses Problems zu finden, dem alle zustimmen können. Eine Möglichkeit ist eine Abstimmung unter den Referenten nach einer kurzen Rede der Bewerber um das Thema. In der Rede stellen die Kontrahenten kurz dar, warum sie der geeignete Referent für dieses Thema sind. Haben Sie besonderes Expertenwissen auf diesem Gebiet oder schon einmal diesen Bereich bearbeitet? Eine weitere Lösung ist das Losverfahren. Wenn Sie ein besonderes Interesse an einem Themenfeld haben, können Sie versuchen, schon im Vorfeld mit einzelnen Mitreferenten ihren Themenwunsch abzusprechen, um deren Unterstützung im Zweifelsfall zu erhalten.

Als letzte Überlegungen inhaltlicher Art und als Überleitung zu den Fragen der Gestaltung sollten Sie noch einmal kurz rekapitulieren, welche Vorgaben es von Seiten des Dozenten gab. Dies kann den Schwerpunkt des Referates betreffen, geforderte oder gern gesehene Präsentationsformen, die Dauer des Referates und damit auch die Redezeit des einzelnen Referenten sowie die Vorlage eines Entwurfs in der Sprechstunde.

Erste Gedanken zur Präsentationsform

Beim ersten Treffen der Referatsgruppe sollte auch die grobe Form der Präsentation zur Sprache kommen. Besprechen Sie frühzeitig, welche Medien eingesetzt werden sollen und wie Sie die entsprechenden Medien oder Produktionsmittel (Beamer, Drucker für Folien, Videokamera für filmische Sequenzen) bekommen können. Wenn Gruppenarbeitselemente in das Referat integriert werden sollen, gilt es auch hier, erste Gedanken für die konkrete Form auszutauschen. Gerade bei der medialen Aufbereitung des Referates und der Gestaltung und Durchführung von Gruppenarbeiten fällt viel Arbeit an. Sie sollten sich in diesem Fall beim Dozenten erkundigen, ob alle Gruppenmitglieder auch vortragen müssen oder ob auch andere Leistungen für das Referat als Seminarleistung anerkannt werden können.

Das fertige Konzept des Referates kann dann dem Dozenten vorgestellt werden. Wenn Sie frühzeitig die Meinung des Dozenten einholen, verringern Sie die Wahrscheinlichkeit, dass die Gruppe in eine falsche Richtung läuft und ersparen sich so zusätzliche Arbeitsstunden. Die Gruppe sollte kurz darüber befinden, ob alle die Sprechstunde aufsuchen oder ob sie besser einen „Gesandten" schickt, der die Fragen der Gruppe vorlegt.

2. Phase: Erarbeitung der Inhalte

Hauptgegenstand dieser Phase ist die Arbeit der Referenten an den Inhalten des Referates und an den zugeteilten Aufgaben. Diese Arbeit geschieht mehr oder weniger alleine. Es lohnt sich aber, zumindest per E-Mail die ersten (vollständigen) Arbeitsversionen der Referatsabschnitte herumzuschicken. Dies schafft eine Möglichkeit, Anregungen von den Mitreferenten einzuholen, aber auch Kritik zu üben und üben zu lassen; beides wirkt sich positiv auf die Qualität des Endresultates aus. Durch diesen Austausch erhöht sich auch der Druck auf die anderen Gruppenmitglieder, ebenfalls ihre Zwischenergebnisse zu teilen und die gesetzten Fristen einzuhalten. Darüber hinaus oder anstatt des E-Mail-Austausches kann die Gruppe sich auch zu weiteren Arbeitstreffen zusammenfinden, um die Arbeitsstände zu diskutieren und bestehende Probleme zu lösen.

Die weiteren Treffen der Referatsgruppe können nach einem einfachen, fünfschrittigen Schema ablaufen. Zu Beginn des Treffens einigen sich die Teilnehmer auf die Punkte, die bei der heutigen Sitzung geklärt werden müssen und legen die Reihenfolge der Punkte fest. Übliche Punkte auf dieser Tagesordnung sind die Berichte vom Stand der Arbeit durch die Referenten, die Diskussion und Entscheidung offener Fragen, die Verteilung der anstehenden Aufgaben für die Gruppenmitglieder und die Festlegung des nächsten Treffens.

Die Arbeitsberichte sollten reihum vorgestellt werden und bisherige Ergebnisse, aufgetauchte Schwierigkeiten und nächste Schritte benannt werden. Auch die Ergebnisse von abgearbeiteten Aufträgen, wie zum Beispiel Gesprächen mit dem Dozenten, gehören hierher. Regelmäßige Runden dieser Art disziplinieren die Gruppe und bieten eine Möglichkeit, frühzeitig eventuelle Fehlentwicklungen festzustellen und ihnen entgegenzusteuern. In der anschließenden Phase der Diskussion können beispielsweise neue Punkte eingebracht, Schwierigkeiten einzelner Referenten in der Gruppe besprochen oder bestehende Fragen abschließend geklärt werden. Wichtig ist hierbei, dass die Diskussion nicht um ihrer selbst willen geführt wird, sondern zielorientiert zur Lösung beitragen soll. Dazu sollte am Ende der Diskussion möglichst ein konkretes Ergebnis stehen. Es muss dabei nicht immer Einstimmigkeit herrschen, sondern es kann im Zweifel auch per Mehrheit entschieden werden. Wenn alle offenen Punkte abgehandelt sind, sollten die anstehenden Aufgaben jedes Gruppenmitgliedes noch einmal benannt und mit Fristen zur Erledigung versehen werden. Am Ende des Treffens steht die Festlegung des Termins und des Ortes für das nächste Treffen.

Fünf Schritte für Arbeitstreffen

- Tagesordnung verabschieden
- Berichte von den Arbeitsständen der Referenten
- Diskussion und Entscheidung offener Fragen
- Verteilung der Aufgaben bis zum nächsten Treffen
- Vereinbarung des nächsten Treffens

Eine effiziente Gruppensitzung erfordert neben einer guten Gesprächsführung und disziplinierten Teilnehmern vor allem eine gründliche Vor- und Nachbereitung. Hier einige Fragen, die Sie hierfür nutzen können:

Vorbereitung des Gruppentreffens

- Wann und wo trifft sich die Gruppe? Wie viel Zeit habe ich für das Treffen?
- Welche Punkte will ich auf der Tagesordnung haben?
- Wie ist mein Stand der Arbeit (Fortschritte, Problembereiche, nächste Schritte, allgemein Berichtenswertes)?
- Welche Anmerkungen zum Konzept, zur Präsentation, zum Ablauf, zu Beiträgen von Koreferenten etc. habe ich?

Nachbereitung des Gruppentreffens
- Wann und wo trifft sich die Gruppe das nächste Mal?
- Welche Aufgaben habe ich übernommen?
- Bis wann müssen diese Aufgaben erledigt sein?
- Welche Vorarbeiten benötige ich dafür?

- Stehen mir die nötigen Mittel zur Erfüllung der Aufgabe zur Verfügung (Literatur, Hard- und Software, technisches Gerät etc.)? Wie kann ich sie ggf. beschaffen?
- Welche Hinweise habe ich für meine eigene Arbeit bekommen?

3. Phase: Erstellung der Präsentation

Die zweite und dritte Phase kann man eigentlich nur schwer zeitlich voneinander trennen, da sie häufig ineinander übergehen und zum Teil parallel verlaufen. Die Frage, die in der zweiten Phase im Mittelpunkt steht ist: Was wird im Referat präsentiert? Die dritte Phase dreht sich darum, wie der Inhalt präsentiert wird. Dabei geht es einerseits um die Form der Präsentation, d.h. die Gestaltung der Handouts oder der PowerPoint-Folien, und andererseits um die Verfassung der eigenen Redemanuskripte. Wichtig für die Gruppenarbeit ist, dass rechtzeitig vor dem Referat nicht nur alle Materialien erstellt sind und die eigene Rede sitzt, sondern dass auch die Mitreferenten sich ein Bild von allem machen konnten und keiner vom tatsächlichen Ablauf oder den präsentierten Ergebnissen überrascht wird. Wenn möglich, so ist es sinnvoll, sich vor dem Referatstermin noch einmal in der Gruppe zu treffen und die Ergebnisse und den Ablauf abzusprechen und letzte Fragen zu klären. Während dieses Treffens lohnt es sich auch zu überlegen, wie man die Übergänge zwischen den einzelnen Referatsteilen gestalten möchte. Mit welchen Fragen könnte man die einzelnen Teile miteinander verbinden? Welche Verbindungslinien bestehen zwischen den einzelnen Referatsbeiträgen, die man als plausible Brücke zwischen ihnen darstellen kann? Diese Fragen hängen eng mit der Verteilung der Aufgaben innerhalb der Gruppe zusammen: Wenn Sie ein streng chronologisches Vorgehen gewählt haben, dann können Sie beispielsweise die typischen Merkmale Ihrer Phase an den Schluss Ihrer Ausführungen stellen und auf einzelne Veränderungen in der nächsten Phase hinweisen, die Ihr Nachredner dann ausführen kann. Ein anderer Fall ist die Beleuchtung des Referatsgegenstandes aus unterschiedlichen Perspektiven. Hier können Sie beispielsweise

auf die Vor- und Nachteile der einen Perspektive eingehen und
als Überleitung die Beweiskraft der unterschiedlichen Sichtwei-
sen thematisieren. Im Zweifel sollten Sie das Referat einmal in
voller Gänze durchproben. Hierbei zeigen sich dann sehr deutlich
etwaige Bereiche, in denen Sie noch nachbessern müssen.

Egal, welches Vorgehen Sie wählen, Sie sollten sich mit Ihren
Vor- und Nachrednern abstimmen und die Übergänge sinnvoll
gestalten, damit das Referat nicht in viele Einzelteile zerfällt, von
denen es scheint, dass sie nur durch das Oberthema lose zusam-
mengehalten würden. Das Ziel einer Referatsgruppe sollte es sein,
ein in sich stimmiges Referat zu halten, zu dem mehrere Personen
beitragen. Sie sollten sich auch kurz abstimmen, wie Sie als Gruppe auf Fragen reagieren wollen und eine einheitliche Linie festlegen. Wollen Sie die Fragen Ihrer Kommilitonen während der
Vorträge oder gesammelt am Schluss beantworten? Wer soll bei
offenen Fragen des Dozenten antworten bzw. wie wollen Sie sich
hierfür absprechen? Wenn Sie diese Fragen im Vorfeld klären,
können Sie in der Situation wesentlich souveräner agieren.

4. Phase: Präsentation des Referats

Wichtig ist, dass in der Gruppe bis zum Referat trefflich gestritten
werden kann, während der Präsentation und der Nachbespre-
chung mit dem Dozenten sollten Sie versuchen, als Gruppe nach
außen aufzutreten und gemeinsam für das Ergebnis einstehen.
Es ist ein schwieriger Balanceakt zwischen Solidarität mit der
Gruppe und einem angemessenen Hinweis auf die eigenen (besonderen) Leistungen für die Gruppe. Die meisten Dozenten haben ein ganz gutes Gespür für die Leistungsanteile der einzelnen
Referenten und benötigen keine ausdrücklichen Hinweise, sondern reagieren eher zurückhaltend, wenn Loblieder auf die eigene
Person gesungen werden.

Wenn die Gruppe gut war und das erreichte Ergebnis zufrie-
denstellend ausfiel, lohnt es sich, ein kleines Nachtreffen in locke-
rer Runde zu veranstalten. Wer gut arbeitet, hat sich auch eine
Belohnung verdient!

Zusammenarbeit in Lern- und Projektgruppen   2.4.2

Zunächst stellt sich die Frage, warum man überhaupt eine Lerngruppe gründen sollte. In manchen Studiengängen ist dies sehr
üblich, in anderen kennt man Lerngruppen gar nicht. Sich in einer Gruppe von Studenten zusammenzufinden und gemeinsam
zu lernen, Probleme zu erörtern und zu lösen hat einige Vorteile.
Nicht nur im Freizeitsport helfen die Gruppe und regelmäßige
Termine dabei, den inneren „Schweinehund" leichter zu überwin-
den, der sich gegen das Arbeiten sträubt. Zudem können Sie in
der Gruppe stark vom Wissen der anderen Gruppenmitglieder
profitieren, die vielleicht einen anderen Blickwinkel auf einzelne
Thematiken haben oder eigene interessante Gedanken einbringen. Zudem vertieft das gemeinsame Durchsprechen und gegen-
seitiges Erklären bzw. das Lösen von praktischen Problemen das
eigene Wissen auf eine ganz andere Art und Weise als das reine
Bücherstudium dies je ermöglichen kann. Hinzu kommt das gute
Gefühl, dass man im Studium oder in der Prüfungsvorbereitung
nicht auf sich alleingestellt ist und man sich gegenseitig unterstützen und Mut zusprechen kann.

Suche nach Lerngruppenpartnern

Nachdem Sie den Entschluss gefasst haben, eine Lerngruppe zu
gründen, benötigen Sie Lerngruppenpartner. Die Größe der
Gruppe sollte nicht kleiner als drei und nicht größer als fünf Teilnehmer sein, um ein dauerhaftes und gewinnbringendes Zusammenarbeiten zu ermöglichen. Am einfachsten ist es, die für Sie
infrage kommenden Kandidaten direkt anzusprechen. Natürlich
kann man auch per Aushang oder E-Mail-Aufruf nach neuen Part-
nern suchen, allerdings ist die Wahrscheinlichkeit, wirklich passende Kommilitonen zu finden, hierbei weniger groß. Das wichtigste Kriterium für eine erfolgreiche Zusammenarbeit ist neben
der notwendigen Grundsympathie ein gleiches Leistungslevel der
Gruppenmitglieder. Nur so kann die Gruppe für alle Beteiligten
gleichermaßen wertvoll werden. Zu große Unterschiede im Er-
wartungshorizont und dem Leistungsstand führen dazu, dass

einzelne wesentlich mehr in die Gruppe investieren müssen und eher der Charakter von Nachhilfegruppen entsteht und kein gemeinsames Arbeiten an Problemen, die für alle relevant sind, möglich ist. So Sie dies beurteilen können, sind danach Engagement und Zuverlässigkeit als Eigenschaften für zukünftige Lerngruppenmitglieder mit in die Bewertung aufzunehmen. Eine Lerngruppe nur aus Freundschaft zu gründen, ist eher problematisch, da hier das Bedürfnis nach sozialem Austausch die konzentrierte Arbeit stark erschwert und sich häufig Leistungsunterschiede negativ bemerkbar machen. Wenn allerdings die weiteren genannten Eigenschaften mit in die Waagschale geworfen werden, so kann auch eine Lerngruppe unter Freunden sehr gut funktionieren.

Turnus und Programm

Um einen spürbaren Effekt mit der Lerngruppe erzielen zu können, sind regelmäßige Treffen notwendig. Wie oft dies dann tatsächlich ist und welcher Rhythmus zur Gruppe passt, lässt sich nur schwer allgemein festlegen und hängt stark vom Bedarf ab. Ein fester Termin pro Woche ist für eine studiumsbegleitende Lerngruppe sicherlich ein guter Anfang. Stehen die Gruppe oder einzelne Mitglieder vor Prüfungen kann man diesen Turnus erhöhen, allerdings sind Phasen des Selbststudiums und der Nach- bzw. Vorbereitung der einzelnen Treffen notwendig, damit die Gruppenphasen sinnvoll genutzt werden können.

Damit die Arbeit nicht durch Unwesentliches immer wieder unterbrochen wird, ist es hilfreich, sich auf einen festen Ablauf zu einigen, der als organisatorischer Rahmen den Gruppentreffen Halt gibt. So ist es eine bewährte Praxis, zunächst mit den offenen Fragen aus dem Vortreffen zu starten und die Rechercheergebnisse hierzu der Gruppe zu präsentieren und zu diskutieren. Danach sind die Gedanken wieder auf die Themen der Lerngruppe gerichtet und die inhaltliche Arbeit kann beginnen.

Wie diese Arbeit aussieht, hängt auch vom Studiengang und den Prüfungsanforderungen vor Ort ab. Während zum Beispiel im juristischen Studium ein starker Schwerpunkt auf der Lösung von Fallbeispielen liegt, steht in anderen Fächern stärker eine theoriebasierte Darstellung von Sachverhalten im Vordergrund. Im ersten Fall bietet es sich natürlich an, gemeinsam Musterfälle durchzuarbeiten und zu besprechen. Die Fälle können leicht reihum vorbereitet, d.h. herausgesucht und verteilt werden. Der Vorbereitende fungiert in der Sitzung dann als Diskussionsleiter, der die Lösung kennt und die anderen korrigierend anleitet. Im zweiten Fall hilft ebenfalls eine Orientierung an den in den Prüfungen erwarteten Leistungen, wie sie in den Prüfungsordnungen beschrieben werden. Auch hier bietet sich an, dass jeweils wechselnd ein Gruppenmitglied die Gruppensitzungen vorbereitet und die Leitung übernimmt. Mögliche Inhalte für diese Stunden wären Prüfungssimulationen, Kurzreferate über besonders relevante Einzelthemen, die Analyse und Diskussion von herausragenden Texten oder die gemeinsame Lösung von Aufgaben oder Problemstellungen. Werden einzelne Fälle oder Texte behandelt, sollten die anderen Gruppenmitglieder diese frühzeitig bekommen, damit in der Sitzung selbst nicht zu viel Zeit mit dem bloßen Lesen der Sachverhalte vergeudet werden muss.

Zum Schluss sollten die offen gebliebenen Fragen kurz gesammelt und zur Bearbeitung verteilt werden. Auch eine grobe Besprechung des Inhaltes der nächsten Sitzung kann sich daran anschließen. In jedem Fall sollten aber Ort und Zeitpunkt des nächsten Treffens verabredet oder bestätigt werden.

Ein wesentlicher Unterschied zwischen Lerngruppen und der Zusammenarbeit zur Vorbereitung eines Referates ist die Dauer, auf die die Zusammenarbeit angelegt ist. Diese Dauerhaftigkeit macht es nötig, der Kooperation einen festeren Rahmen zu geben. Zu diesem Punkt werden im nächsten Abschnitt die wichtigsten Details erläutert.

Spielregeln und Verträge

Bei einer dauerhaften Zusammenarbeit, wie bei einer Lerngruppe oder einer umfangreicheren Projektarbeit ist es sinnvoll, sich nicht nur auf den Ehrgeiz der Gruppe und die persönliche Integrität der Gruppenmitglieder zu verlassen, sondern zu Beginn der

Kooperation die Spielregeln schriftlich festzuhalten. Dies erspart der Gruppe endlose Diskussionen und wiederkehrende soziale Spannungen und sorgt dafür, dass vom Start weg eine positive Arbeitsatmosphäre herrscht und alle mit ähnlichen Erwartungen in die Zusammenarbeit starten. Drei wesentliche Punkte sollten in einem solchen einfachen Vertrag geregelt werden: Dazu gehören die Regeln des Zusammenarbeitens und die Sanktionen für Verstöße gegen diese Regeln. Ergänzend sollten auch die verschiedenen Aufgaben, vor allem aber der Gegenstand des Projekts und die damit verbundenen Ziele festgehalten werden. Bei der Formulierung sollten Sie darauf achten, dass Sie sich gleichzeitig so klar und so kurz wie möglich fassen. Je eindeutiger die Anforderungen beschrieben werden, desto weniger Auseinandersetzungen über Zweifelsfälle gibt es in der Folge. Und die Formulierungswut sollte aber auch nicht in ein zwölfseitiges Gesetzesmonstrum münden. Jedes Gruppenmitglied sollte den Vertrag mit ausarbeiten, unterzeichnen und in einer Ausfertigung bekommen.

Ziele der Zusammenarbeit

Quasi als Präambel zum eigentlichen Vertrag sollte der Grund der Zusammenarbeit klar zusammengefasst werden. Dies gewährleistet, dass alle Mitglieder ihre Vorstellungen von der Zusammenarbeit abgleichen und die gefundenen Ziele auch mittragen können. Die Frage lautet also: Was ist eigentlich der Gegenstandsbereich des Projektes? Was soll am Ende des Projektes erreicht werden?

In Lerngruppen bedeutet dies, darüber zu sprechen, welcher Notenbereich von den einzelnen Mitgliedern angestrebt wird, um eine motivierende Messlatte für die Anstrengungen und klare Erwartungen an die Zusammenarbeit zu haben. In diesem Zusammenhang sollte auch die Dauer der Zusammenarbeit geklärt werden.

Spielregeln

Zu den Regeln der Gruppe gehört auch eine grobe Bestimmung des normalen Ablaufs der regelmäßigen Treffen. Hier reicht es, die in jedem Fall vorkommenden Punkte der Tagesordnung fest-zuschreiben. Darüber hinaus muss sich mit der Zeit in der Gruppe eine Routine für die Gestaltung der Treffen ausbilden, die das Bedürfnis nach sozialem Austausch und einer konzentrierten Arbeitsstimmung in Einklang bringt. Je fester ritualisiert der Ablauf ist, desto einfacher gelingt dies. Dies gilt auch für den Umgang mit Verspätungen. Es sollte klar festgelegt werden, wie viel Toleranzzeit maximal gewährt wird, bevor die Sitzung auch ohne fehlende Teilnehmer begonnen wird (mehr als fünf Minuten sollten dies aber in der Regel nicht sein).

Wenn der Ablauf besprochen ist, können gleich danach die regelmäßigen Aufgaben, die in der Gruppe anfallen, geklärt werden. Was umfassen diese Aufgaben? Bis wann sollen diese Aufgaben in der Regel erledigt sein? Hier lohnt es sich auch darüber nachzudenken, welche Pflichten die Sitzungsleitung der regelmäßigen Treffen umfassen soll und wie die Sitzungsleitung auf die Gruppenmitglieder verteilt werden sollen.

Ein sehr formal anmutender Punkt ist die Festlegung der Abstimmungsmodi in der Gruppe für bestimmte Fälle. Dies sollte aber zu Beginn durchaus besprochen werden, da in der konkreten Situation schnell Streit darüber ausbrechen kann, da dann einzelne Interessen mit den verschiedenen Abstimmungsmöglichkeiten verbunden sein können. Daher ist es besser, man legt dies unabhängig von der Situation für alle Beteiligten fest. Es geht vor allem darum, welche Mehrheiten für einzelne Abstimmungen genutzt werden sollen. Sollen Sanktionen nur einstimmig ausgesprochen werden? Reicht die einfache Mehrheit für normale Projektentscheidungen? Sollen Änderungen des Vertrags mit 2/3- oder 3/4-Mehrheit beschlossen werden?

Auch die Frage der Gruppenzugehörigkeit sollte in beide Richtungen geklärt werden. Wie offen ist die Gruppe für neue Mitglieder in Zukunft? Wie wird über einzelne Kandidaten abgestimmt? Genauso muss das Ausscheiden aus der Gruppe geregelt sein. Darf man einfach so die Gruppe verlassen oder soll man für einen Nachfolger sorgen müssen? Können einzelne Mitglieder auch ausgeschlossen werden? Wenn ja, unter welchen Bedingungen und mit welchem Prozedere ist der Ausschluss möglich? Der letzte Punkt kann auch im Zusammenhang mit den Sanktionen geklärt werden.

Eine weitere Frage, die zu klären ist, ist ob es für die Zusammenarbeit dieser Gruppe sinnvoll ist, Protokolle von den Arbeitstreffen anzufertigen. Wenn es schriftliche Zusammenfassungen der Ergebnisse geben soll, dann sollte auch festgeschrieben werden, wer sie bis wann jeweils erstellen soll und was enthalten sein muss.

Sanktionen

In einem kleinen „Strafregister" sollte erfasst werden, welche Vergehen in der Gruppe geahndet werden sollen. Dabei ist es das Ziel, eine kollegiale und dauerhafte Zusammenarbeit zu ermöglichen und zu sichern. Alles was dies zu sehr erschwert, sollte auf den Index gesetzt werden. Klassischer Weise umfasst eine solche Auflistung Probleme beim persönlichen Erscheinen und Mängel beim Erbringen von Leistungen.

Zweierlei Probleme sind beim persönlichen Erscheinen möglich: Entweder kommt ein Gruppenmitglied zu spät oder es kommt gar nicht. Beide Formen können in entschuldigter und unentschuldigter Version passieren. Dabei ist klar, dass es der Gruppe weniger schadet, wenn ein Mitglied eine Minute nach Ankündigung und mit guter Begründung zu spät zum Treffen erscheint, als wenn es ohne Ankündigung und Begründung einfach bei einer Sitzung fehlt. Deshalb ist eine Staffelung und Differenzierung zwischen den einzelnen Möglichkeiten sinnvoll.

Wenn Leistungen verteilt werden, dann kann es passieren, dass diese nicht rechtzeitig oder nicht ordnungsgemäß erbracht werden. Auch dieses behindert den Fortschritt der Gruppe und sollte deshalb in dem Register erfasst werden.

Bußgeldkatalog

Aus der Erziehungswissenschaft weiß man, dass Strafen möglichst unmittelbar wirksam sein müssen, um einen Lerneffekt zu erzeugen. Da häufig ein Zusammenhang mit dem Vergehen in

Rahmen von Lerngruppen nicht hergestellt werden kann, müssen Stellvertreterstrafen wie Geld oder Naturalien eingeführt werden. Dabei haben beide Formen ihre Vorteile, die einfachere Variante ist allerdings die finanzielle Begleichung der Schulden. Damit die Strafe möglichst zeitnah erfolgt, sollte ein Gruppenmitglied als „Schatzmeister" bestimmt werden, der darauf achtet, dass die Außenstände möglichst schnell beglichen werden. Sonst sammeln sich bei Wiederholungstätern schnell die Schulden zu Bergen an, deren Bezahlung gänzlich verweigert oder aus Mitleid von der Gruppe erlassen wird. Niemand lässt sich sieben Kuchen auf einmal backen, auch wenn dies noch so gerechtfertigt wäre. Überlegen Sie sich für die einzelnen oben aufgeführten Verstöße passende Sanktionen, die in der Höhe möglichst mit der Schwere des „Vergehens" gekoppelt sind und so eine disziplinierende Wirkung erzielen können. In diesem Bereich sollte auch geklärt werden, wann und mit welchem Verfahren ein Ausschluss eines Mitglieds aus der Gruppe als Ultima Ratio in Frage kommt. Wenn Sie einen Vertrag für Ihre Lerngruppe festlegen, so denken Sie aber bitte immer daran, dass Sie es im Zweifel mit Ihren Kommilitonen und Freunden zu tun haben. Versuchen Sie daher, Konflikte möglichst ohne das Vertragswerk schon im Vorfeld zu entschärfen.

Leitung von Gruppen – So geht es!   2.4.3

Die Vergabe der Leitungsposition in Lern- und Referatsgruppen verläuft in den wenigsten Fällen über Wahlen oder über hierarchische Vorgaben, sondern geschieht eher informell. Trotzdem werden in jeder funktionierenden Gruppe die Leitungsfunktionen von einer oder mehreren Personen übernommen. Welche Funktionen dies sind und welche Möglichkeiten es gibt, die Leitungsposition zu erlangen, wird im Folgenden erklärt.

Funktionen in einer funktionierenden Gruppe

Die wesentlichen Aufgaben der Leitung einer Gruppe lassen sich in fünf Funktionen zusammenfassen:

- Ordnungsfunktion
- Entscheidungsfunktion
- Motivationsfunktion
- Kontrollfunktion
- Unterstützungsfunktion

Ordnungsfunktion

Damit eine Gruppe effizient arbeiten kann, muss zunächst ein klarer Überblick über die anstehenden Aufgaben erstellt werden. Nach der Auflistung der Aufgaben müssen diese in eine sinnvolle Reihenfolge der Bearbeitung gebracht werden. Beides gilt in gleichem Maße für das Gesamtprojekt, wie für jede einzelne Sitzung. Schon vor dem ersten Treffen sollten Sie sich über diese Aspekte ausführlich Gedanken gemacht haben.

Ein weiterer Aspekt der Ordnungsfunktion bei Besprechungen der Gruppe ist, darauf zu achten, dass die angesprochenen Punkte so lange besprochen werden, bis sie geklärt sind. Was in der Theorie einfach und selbstverständlich scheint, erweist sich in der Praxis als eine der wichtigsten Aufgaben der Gesprächsführung. Häufig neigen Diskussionen, gerade wenn mehr als zwei Teilnehmer involviert sind, dazu zu zerfasern, Besprechungspunkte werden miteinander vermischt oder einfach ohne Ergebnis unter den Tisch fallen gelassen. Hier ist es sehr hilfreich, die bisher erreichten Einigungen und unstrittigen Punkte zusammenzufassen und auf die noch offenen Streitpunkte und die bestehenden Alternativen hinzuweisen. Wenn die Diskussion abschweift, bringen Sie immer wieder den noch nicht beendeten Punkt ein und beharren auf seiner Klärung. Um die Ordnungs- und auch die Kontrollfunktion leichter ausüben zu können, helfen schriftliche Notizen über die getroffenen Entscheidungen, die anschließend, quasi als Ergebnisprotokoll, allen Teilnehmern zugänglich gemacht werden sollten.

Entscheidungsfunktion

Eng mit der Ordnungsfunktion verbunden ist die Entscheidung. Denn nach der oft nötigen Diskussionsphase stehen in der Regel die

Entscheidungen über den verhandelten Punkt. Zuweilen gibt es Diskussionen, die sich im Kreis drehen, bei denen die streitenden Parteien keine neuen Argumente mehr einbringen. An diesem Punkt sollten Sie die Diskussion durch die Forcierung einer Abstimmung zu einem sinnvollen Ende führen. Manchmal benötigt eine Gruppe auch einfach eine Entscheidung, ohne dass es lange Diskussionen darüber gibt. Dies betrifft meist Fragen, die zwar entschieden werden müssen, aber keine große Relevanz darüber hinaus besitzen, wie zum Beispiel der Ort des Treffens. Je nach Autorität des Entscheidenden können auch wichtigere Fragen durch die Vorgabe eines Einzelnen geklärt werden. Allerdings sollte die Gruppe grundsätzlich am Entscheidungsprozess beteiligt werden und die Abstimmung im Plenum erfolgen. Dies ist vor allem deshalb wichtig, da Entscheidungen, die man selber mit gefällt hat, auch in der Umsetzung besser unterstützt und getragen werden. Zudem sind Autoritätsentscheidungen auf Dauer auch Konfliktstoff für die Gruppendynamik, da sich häufig zur inhaltlichen Opposition Einiger dann auch Missmut über einen (unberechtigten) Führungsanspruch eines Einzelnen gesellt.

Motivationsfunktion

Damit die Gruppe insgesamt leistungsfähig bleibt, ist es wichtig, immer wieder auch den Blick auf die Stimmung innerhalb der Gruppe zu richten. Dazu gehört bei den Treffen der Gruppe eine gesunde Mischung zwischen intensiver Arbeit und entspannteren Phasen, in denen auch Späßchen ihren Platz haben. Bei Spannungen in der Gruppe gilt es zunächst die Beschwerdeführer oder Kontrahenten zu beschwichtigen und eine Arbeitsatmosphäre wiederherzustellen. Tipps für die Lösung von Konflikten in Arbeitsgruppen folgen im nächsten Abschnitt. Eine gute Zusammenarbeit kann auch dadurch gefördert werden, in dem man sich neben der eigentlichen Arbeit in entspannter Umgebung privat zum Grillen oder auf ein Bier in einer Kneipe trifft und sich so von einer anderen Seite näher kennenlernen kann. Manche Gruppen lassen sich auch zu mehr Leistung anstacheln, wenn ein wettbewerbsorientiertes Gruppengefühl aufgebaut wird. Hierbei hilft insbesondere der Vergleich mit anderen Gruppen, die an ähnlichen Aufgaben arbeiten oder schon Ergebnisse vorgelegt haben. Zuweilen kann auch ein gemeinsames „Feindbild" eine Gruppe zusammenschweißen, wenn es dann heißt „dem Dozenten X zeigen wir es jetzt aber!" In jedem Fall lohnt es sich immer wieder, das eigentliche Ziel der Gruppe zu verdeutlichen und die anderen Gruppenmitglieder zu guten Leistungen anzuspornen. Dieser Ansporn kann vor allem durch ein eigenes gutes Vorbild und durch Lob von erbrachten Leistungen gesetzt werden.

Kontrollfunktion

Eine wichtige Aufgabe ist die regelmäßige Kontrolle des Zeitplans des gesamten Projekts. Immer wieder muss man schauen, ob die gesetzten Fristen eingehalten werden und wo kritische Entwicklungen sich gerade Bahn brechen. Manchmal reicht es schon, an die vereinbarten Abgabetermine zu erinnern, um Nachzügler zu motivieren.

Aber nicht nur der Zeitplan muss regelmäßig überprüft werden, sondern auch das gesamte Projekt sollte immer wieder kritisch betrachtet werden. Manchmal hat man in der Brainstorming-Phase wichtige Details übersehen, die zwingend integriert werden müssen oder es stellt sich bei den Arbeiten heraus, dass die Schwerpunktsetzung verändert werden muss. Dies sollte dann in der Gruppe thematisiert werden. Zur Kontrolle gehört auch die konstruktive Kritik an den erbrachten Leistungen. Wenn ein Beitrag eines Referenten in Form oder Inhalt inakzeptabel ist, dann muss dies zum Wohl der gesamten Gruppe angesprochen werden. Dabei sollten Sie besonders darauf achten, dass die Kritik konstruktiv bleibt und den Betroffenen nicht bloßstellt.

Eine weitere Facette der Kontrolle findet sich bei den Gruppentreffen. Hier sollten Sie das Zeitmanagement nicht unterschätzen und die Uhr im Blick haben! Regen Sie beispielsweise zwischendurch Pausen an, wenn die Konzentration nachlässt. Wenn die Stimmung in der Gruppe an einem Termin für längere Zeit unproduktiv bleibt und trotz Motivationsversuchen nicht wieder in eine Arbeitsatmosphäre überführbar ist, sprechen Sie sich für eine Vertagung des Treffens aus, um dann mit frischen Kräften die anstehenden Probleme zu lösen.

Wichtig ist die letzte Überprüfung kurz vor der Präsentation der Arbeitsergebnisse. Sie sollten kontrollieren, ob alle notwendigen Beiträge da sind und fragen, ob alle Referenten sich gut präpariert fühlen. Gerade die technischen Hilfsmittel (Laptop, Beamer, Overheadprojektor etc.) und die weiteren Unterlagen (Handouts, Powerpointfolien u.ä.) sollten ein letztes Mal auf ihr Vorhandensein und ihre Funktionsfähigkeit bzw. ihren optimalen Zustand hin überprüft werden, um böse Überraschungen zu vermeiden.

Unterstützungsfunktion

Eine oft zu Unrecht unterschätzte Tätigkeit ist die freiwillige Leistung von Unterstützung für die Gesamtgruppe oder für Einzelne; denn Leitungsfunktionen zu übernehmen, bedeutet immer auch anderen zu helfen und Verantwortung zu übernehmen. Es reicht nicht aus, nur die bestehenden Probleme sichtbar zu machen, sondern Sie sollten zur Lösung in der Gruppe beitragen. Dabei sollten Sie nach Ihren Fähigkeiten und Möglichkeiten anderen Gruppenmitgliedern Ihre Hilfe bei der Bearbeitung von Aufgaben anbieten oder Fachprobleme, eventuell durch eine eigene Recherche nach dem Treffen, lösen helfen. Im Extremfall kann dies bedeuten, dass Sie fehlende oder unzureichende Leistungen anderer Gruppenmitglieder auffangen müssen. Zumindest aber sollten Sie helfen, derartige Aufgaben an andere Referenten zu verteilen, wenn Sie sie selber nicht erledigen können. Auch sollten Sie anliegende Aufgaben, wie die Organisation und Wahrnehmung eines Termins in der Sprechstunde des Dozenten oder die Reservierung eines Tisches in einem Lokal für ein Nachtreffen, freiwillig übernehmen.

Wie werde ich Chef? Zumindest in kleinen Gruppen...   **2.4.4**

In manchen Gruppen ist die Hierarchie durch klare Vorsitzregelungen oder ein Vorgesetzten-Untergebenen-Verhältnis vorgegeben. Dies trifft vor allem auf Gruppenstrukturen zu, auf die man im späteren Berufsleben trifft. Die verschiedenen Gruppen, die man während seines Studiums antrifft und an denen man teilhat, sind in aller Regel nicht so vorherbestimmt und benötigen daher andere Mechanismen zur Bestimmung der Führungsposition(en). Mit der Wahl, dem turnusmäßigen Wechsel und dem Engagement gibt es vor allem drei zentrale Wege auf den „Chefsessel" auf Zeit.

Wahl

Das klassisch-demokratische Mittel zur Bestimmung von Leitungsfunktionen ist die Wahl. Dabei stimmen (üblicher Weise in geheimer Abstimmung) die Gruppenmitglieder, meistens nach einer kurzen Vorstellung der eigenen Person und Ziele der Bewerber, über die Kandidaten ab. Der große Vorteil dieses Verfahrens liegt in der direkten Legitimation des Vorsitzenden, der zumindest von einer Mehrheit der Gruppe durch die Wahl das Vertrauen ausgesprochen bekommt. In Gruppen zur Referatsvorbereitung oder in Lerngruppen ist dieses formale Verfahren eher unüblich. In Fachschaften, anderen studentischen Vereinigungen sowie Parteien und Vereinen ist die Wahl eher üblich bzw. zwingend erforderlich.

Turnusgemäßer Wechsel

Eine zweite Möglichkeit der Besetzung von Führungspositionen ist der regelmäßige Wechsel auf dem Chefposten. Dazu bestimmt die Gruppe neben der „Amtszeit" eine Reihenfolge, in der reihum einzelne Leitungsfunktionen übernommen werden sollen. Dabei gilt es zu beachten, dass nur bestimmte Funktionen gut getauscht werden können. Alle Funktionen, die mit der Vor- und Nachbereitung der Treffen zu tun haben, eignen sich genauso wie viele der Ordnungsfunktionen für einen permanenten Wechsel. Als Beispiele seien hier die Protokollführung, die Recherche, die Erstellung von Tagesordnungen sowie die Sitzungsleitung genannt. Gerade in Lerngruppen ist ein Wechsel der Sitzungsleitung in Verbindung mit der inhaltlichen Vorbereitung des Treffens sinnvoll, um die Lasten in der Gruppe gerecht zu verteilen und allen die mit der tieferen inhaltlichen Auseinandersetzung verbundenen Lernprozesse zu ermöglichen. Viele weitere Aufgaben bedürfen der Kontinuität. So lässt sich ein Gesamtprojekt leichter und effektiver von einer Person kontrollieren, da die notwendige Übersicht über laufende Vorgänge und kritische Entwicklungen nur mit enormem Zeitaufwand ständig weitergegeben werden kann. Andere Aufgaben erfordern eine besondere persönliche Eignung, die nicht alle Gruppenmitglieder gleichermaßen mitbringen und die deshalb vom „talentiertesten" Gruppenmitglied übernommen werden sollten. Als Beispiel sticht hier die Motivationsfunktion heraus, die, wenn es um emotionale Sensibilität oder eine positive Ausstrahlung geht, sicher nicht von allen gleichermaßen erfüllt werden kann. Für die Praxis gilt es, in jeder Gruppe auszuprobieren, welche Aufgaben gut von allen übernommen werden können und welche eher nicht dem Wechsel in regelmäßigen Abständen unterworfen sein sollten.

Engagement

Die dritte Variante, eine Führungsposition in Gruppen zu erlangen, ist das besondere Engagement in der Gruppe. Dieser Weg ist vor allem für inoffizielle Führungspositionen besonders geeignet und üblich. Das Besondere hierbei ist, dass es nicht nur ein Weg ist, um eine Führungsposition zu erlangen, sondern gleichzeitig auch ein notwendiges Verhalten darstellt, um Führungspositionen grundsätzlich gut auszufüllen und abzusichern. Allerdings ist das besondere Engagement anders als die Wahl oder der regelmäßige Wechsel kein Automatismus.

Engagement bedeutet, in vielfältiger Art Zeit und Arbeit in die Gruppe zu investieren. Hauptsächlich geschieht dies durch die Übernahme vieler oder einzelner Leitungsfunktionen, wie sie oben beschrieben werden. Zentral hierbei ist die Vorbereitung und Leitung der eigentlichen Treffen. Wer hier überzeugend wirkt, hat gute Chancen von der Gruppe als Leiter/Leader/Führer akzeptiert zu werden. Dazu gehört es, eine vorbildliche Leistung innerhalb der Gruppe, d.h. eine gute Qualität bei der Erledigung von Aufgaben abzuliefern und dies vor allem pünktlich zu tun. Das eigene

Ansehen und die Arbeitsmoral in der Gruppe leidet enorm, wenn man mit „Chefgehabe" oder entsprechenden Attitüden auftritt, aber sich dann bei der Erledigung der eigentlichen Aufgaben hängen lässt und das Gegenteil eines positiven Vorbildes abgibt.

Natürlich gibt es noch weitere hilfreiche Faktoren, die es einem erleichtern, in inoffizielle Führungspositionen zu gelangen. Dazu gehört die ausgewiesene oder von den anderen Gruppenmitgliedern empfundene Expertise auf einem für die Gruppe relevanten Gebiet, kurz die fachliche Autorität. Schwerer fassbar, aber eine enorm wirkungsmächtige Quelle für Führungsreputation ist selbstverständlich die persönliche Autorität. Hierbei verbinden sich viele Charaktereigenschaften (Empathie, emotionale Intelligenz, Willensstärke, Eloquenz) und Qualitäten, wie der gereiften Erfahrung in der Führung von Gruppen zu einer Persönlichkeit, der man gerne Vertrauen schenkt und auf deren Hinweise oder Anweisungen man hört, weil sie von dieser Person kommen.

Wie bringe ich mich am besten ein? Zur Selbstdarstellung in Gruppen   2.4.5

Es gibt zwei sehr unterschiedliche Phasen, in denen die Darstellung der eigenen Person in Gruppen von Belang ist. Wenn sich eine Gruppe neu findet oder Sie als Neuling zu einer Gruppe stoßen, ist die Einführung der eigenen Person von zentraler Bedeutung. Aber auch während der Arbeit in Gruppen sollte man sich Gedanken über die eigene Rolle in der Gruppe und seine Möglichkeiten diese Rolle zu gestalten machen.

Der erste Eindruck hat einen großen Einfluss auf die Einstellung der Gruppe Ihrer Person gegenüber. Die Chance, diese Einstellung positiv für sich zu gestalten, sollten Sie sich nicht entgehen lassen. Jenseits des persönlichen Charakters sollten Sie einen freundlichen und verbindlichen Grundton anschlagen und mit Interesse und Aufgeschlossenheit den anderen Gruppenmitgliedern und der Aufgabe begegnen. Sie sollten sichergehen, dass Sie jedem anderen Gruppenmitglied mit Namen bekannt sind, sich also entweder im Plenum vorstellen oder auf die einzelnen Kollegen direkt zugehen, um sich bekannt zu machen. Achten Sie darauf, dass Sie sich schnell so viele Namen wie möglich merken, um andere Gruppenmitglieder direkt anreden zu können und so gleichzeitig Ihr Interesse an den Anderen zu bekunden. Es lohnt sich zudem, wenn man in bestehende Gruppen hineinkommt, die Gruppengepflogenheiten und -strukturen zu beobachten, um „Fettnäpfchen" zu vermeiden und sich in das Gruppengefüge besser einordnen zu können.

In der Gruppe angekommen, sollten Sie versuchen, Ihre Fähigkeiten für das Funktionieren dieser Gruppe einzubringen. Dabei lassen sich vier Idealtypen von Rollen feststellen, die für den Erfolg einer Gruppe von besonderer Bedeutung sind. Dies sind der Visionär, der Kritiker, der Umsetzer und der Moderator. Für ein optimales Funktionieren der Gruppe sollten alle vier Rollen möglichst von vier in den damit verbundenen Aufgaben besonders begabten Personen übernommen werden. Natürlich verwischen die Grenzen zwischen diesen Idealtypen in der alltäglichen Arbeit und die Rollen können zu einzelnen Gelegenheiten oder auf auch auf Dauer getauscht werden. Sie können auch in einer Gruppe die Kritikerrolle innehaben und in einer anderen als Moderator agieren. Sie sollten aber immer mal wieder kurz darüber reflektieren, welche Rolle Sie in welcher Gruppe übernehmen und wie Sie diese für sich am besten nutzen können. Was zeichnet nun die idealtypischen Rollen jeweils aus?

Der Visionär treibt die Gruppe mit seinen Ideen und seinem Engagement nach vorne. Er entwickelt die Ziele der Gruppe und hat in der Regel weitere Vorschläge „in der Schublade". Er begeistert die Gruppe für die Vorteile und die Größe des Projekts und argumentiert stets für die Machbarkeit auch von schwierigen Aufgaben.

Der Kritiker sorgt mit seinen Fragen und Anmerkungen für die Bodenhaftung und Optimierung des Projekts. Er legt den Finger stets in die Wunde, stellt die Ideen und Visionen in Frage und testet ihre Konsistenz. Durch seine Kritik fordert er immer wieder plausible Begründungen und Alternativen ein. Als „advocatus diaboli" kann er die Sinnhaftigkeit einzelner Vorschläge oder des

Projektes insgesamt hinterfragen und so Irrwege vermeiden und die Tragfähigkeit der diskutierten Konzepte verbessern. Er weißt auf Fehlentwicklungen hin und sollte bei aller „Nörgelei" sich darum bemühen, dass seine Kritik möglichst konstruktiv ist, d.h. alternative Lösungsvorschläge enthält.

Der Umsetzer bringt die praktische Komponente in die Gruppe, in dem er die Visionen und Ideen in konkrete Arbeitsschritte und Abläufe übersetzt. Gerade die technischen Fragen und die Probleme der Ausarbeitung löst er. Er leitet die disziplinierte Alltagsarbeit der Gruppe an, achtet auf die einzuhaltenden formalen Vorgaben und argumentiert aus einer sehr pragmatischen Sicht auf die Probleme heraus.

Der Moderator ist der Kitt zwischen den anderen drei Positionen. Er vermittelt zwischen den Extremen, hilft mit Kompromissvorschlägen und sorgt dafür, dass alle Gruppenmitglieder ihre Stärken in den Arbeitsprozess einbringen können. Die Sitzungsgestaltung und die Lösung von Spannungen in der Gruppe gehören auch in seinen Bereich. Als soziale Seele der Gruppe achtet er darauf, dass es neben der konzentrierten Arbeit auch immer wieder Phasen des entspannten Miteinanders gibt.

Konflikte und deren Lösung in Gruppen   2.4.6

Natürlich kann es wie in jeder anderen Gruppe, in der unterschiedliche Menschen mit verschiedenen Charakteren, Interessen und Gewohnheiten aufeinandertreffen, auch in studentischen Gruppen Spannungen und Konflikte geben. In diesem Abschnitt geht es darum, die besonders häufigen Konfliktarten darzustellen und Ihnen erste Lösungsmöglichkeiten aufzuzeigen. Vier Grundkonflikte lassen sich dabei unterscheiden. Zum Ersten gibt es soziale Spannungen. Zum Zweiten sind Probleme zu nennen, die aufgrund von mangelhaften oder gar fehlenden Leistungen einzelner Mitglieder entstehen. Zum Dritten können Machtkämpfe die Gruppenarbeit lähmen und zum Vierten gibt es zuweilen Interessenkonflikte innerhalb von Gruppen, die eine Zusammenarbeit erschweren können.

Nicht jede kleine Verstimmung ist gleich eine Krise, die unbedingt im Plenum angesprochen und ausdiskutiert werden muss. Vier Schritte lassen sich für die Bearbeitung von Gruppenkonflikten unterscheiden:

- Wahrnehmen
- Bewerten
- Ansprechen
- Lösen

Wahrnehmen

Neben der emotionalen Sensibilität, die Sie brauchen, um Spannungen wahrzunehmen, gibt es zumeist auch offensichtliche Anzeichen dafür, dass etwas in der Gruppe nicht stimmt. Seien Sie also aufmerksam und horchen Sie von Zeit zu Zeit in die Gruppe hinein, wie es um den Zusammenhalt bestellt ist oder ob zwischen einzelnen Mitgliedern dicke Luft herrscht.

Bewerten

Haben Sie eine auffällige Entwicklung festgestellt, dann gilt es zu bewerten, wie schwerwiegend sie ist. Nicht jedes Problemchen bedarf einer Gruppenlösung, viele Verdachtsmomente lösen sich mit der Zeit in Luft auf. Ihr zentraler Bewertungsmaßstab bei der Bewertung ist die Arbeitsfähigkeit und der langfristige Erfolg der Gruppe. Sind diese beiden Elemente durch die aktuellen Probleme bedroht, dann sollten Sie diese Probleme ansprechen.

Ansprechen

Haben Sie ein Problem in der Gruppe entdeckt und bemerken, dass die Arbeitsatmosphäre deutlich darunter leidet, dann müssen Sie sich überlegen, wie Sie dies Problem ansprechen. Wenn es sich lediglich um kleine Differenzen handelt, müssen Sie es nicht an die große Glocke hängen. Ein kurzer Hinweis an einen oder alle Betroffenen reicht vielleicht schon, um ein anderes Verhalten zu bewirken. So es einen Leiter der Gruppe gibt, können Sie auch ihm einen Hinweis geben, dass er sich um dieses Problem kümmern kann.

Bei größeren und länger anhaltenden Problemlagen sollten Sie als nächste Eskalationsstufe das Problem in der gesamten Gruppe ansprechen. Dabei sollten Sie vermeiden, dass sich die Betroffenen unfair in die Ecke gedrängt fühlen. Grundtenor sollte nicht eine Verurteilung eines Schuldigen für böse Taten, sondern die Orientierung auf die Hilfestellung zur Verbesserung der Situation sein.

Für jede Art des Konfliktes gilt, dass ein persönliches Gespräch bei der Lösung von Problemen, genauso wie übrigens bei der Motivation von anderen Gruppenmitgliedern, weitaus effektiver und wirkungsvoller ist als das Schicken einer E-Mail mit vergleichbarem Inhalt. Ein Hauptvorteil des Gesprächs ist es, dass es für die Beteiligten wesentlich weniger Möglichkeiten gibt, sich gegenseitig misszuverstehen. Eine mit heißer Tastatur geschriebene E-Mail kann immer und immer wieder gelesen werden und gar nicht so beabsichtigte Formulierungen bekommen zuweilen beim Leser eine ganz andere Bedeutung. Dann ergibt eine E-Mail die nächste und schnell schaukelt sich eine eigentlich belanglose Lappalie zu einem ernsthaften Konflikt hoch. Im direkten Gespräch kann man Missverständnisse, ungeschickte Ausdrücke und haltlose Anschuldigungen schneller aus der Welt räumen oder ggf. zurücknehmen. Auch können Sie im Gespräch wesentlich besser auf die Stimmungslage der anderen Gesprächsteilnehmer reagieren, da Sie emotionale Signale berücksichtigen können, die vor allem durch die Stimme und den Gesichtsausdruck vermittelt werden. Dies ist bei einem bloßen Text nicht möglich, und seien noch so viele „Emotion-Icons", wie Zwinker-Smilies, integriert. Ein weiterer Vorteil des Gesprächs ist die größere Verbindlichkeit für die Teilnehmer. Eine E-Mail kann leicht ignoriert werden. Einer persönlichen Ansprache im Gespräch kann man sich dagegen schwieriger entziehen. Hier ist es auch möglich, direkt und sofort auf Angriffe oder Fragen zu antworten, bei offenen Punkten nachzuhaken und Kompromisslösungen sofort zu ermitteln.

Lösen

Überlegen Sie sich im Vorfeld der Besprechung eines Problems, welche verschiedenen Lösungswege Sie sehen. Welche Kompromisslinien könnten von allen Beteiligten ohne Gesichtsverlust akzeptiert werden? Auf welchen Bedingungen müssen Sie Ihrer Meinung nach bestehen? Wichtig ist, dass am Ende eine konkrete, verbindliche Einigung steht, wie in Zukunft weiter verfahren werden soll. Was passiert im Fall x? Wer macht was bis wann?

Soziale Spannungen

Es ist selbstverständlich schön, wenn man in den verschiedenen Arbeitsgruppen, in denen man im Verlauf eines studentischen Lebens mitarbeitet, mit Freunden zusammenarbeiten kann oder sogar neue Freunde findet. Dies muss aber nicht so sein; zuweilen ist das Gegenteil der Fall. Dabei ist wichtig, dass man in Referatsgruppen und ähnlichen Gemeinschaften auf Zeit keine Freundschaften fürs Leben schließen muss, sondern es reicht ein ergebnisorientiertes Zusammenarbeiten der Mitglieder. Zumeist ist die Dauer der Zusammenarbeit zudem sehr kurz und da sollte eigentlich ein professioneller Umgang miteinander möglich sein. Trotzdem kann die Antipathie einzelner Gruppenmitglieder untereinander so groß sein, dass sich die Kontrahenten gegenseitig anfeinden und das Gruppenklima mit ihren Auseinandersetzungen und ihrer negativen Stimmung belasten. Wie oben schon beschrieben sollten Sie zunächst versuchen, die Beteiligten durch einen dezenten und persönlichen Hinweis zur Raison zu bringen. Vielleicht hilft auch eine Aussprache der Streithähne, die Sie anregen und ggf. auch moderieren können. Sollte auch das Gespräch in der Gruppe keine spürbare Verbesserung bringen und sämtliche Vermittlungsversuche scheitern, so bleibt zuletzt die Möglichkeit, dass einzelne oder mehrere Gruppenmitglieder die Gruppe verlassen. Bei einem gemeinsamen Referat sollte Sie diese Ultima Ratio allerdings mit Ihrem Dozenten absprechen.

Leistungsdefizite

Vertrauen ist gut, sagt der Volksmund, doch Kontrolle ist besser! Wie oben im Abschnitt über die verschiedenen Leitungsfunktionen schon angesprochen wurde, ist eine stete Kontrolle der zu erbringenden Leistungen der Gruppenmitglieder sinnvoll. So kann zumindest das Risiko vermindert werden, dass versprochene Arbeiten nicht gemacht werden. Allerdings gibt es auch immer wieder Fälle, in denen trotz regelmäßiger Abfragen und festen Fristen einzelne Gruppenmitglieder ihre Aufgaben nicht erledigen können oder wollen. Wenn Sie selber erkennen sollten, dass Sie einzelne Aufgaben nicht in der dafür vorgesehenen Zeit erledigen können, sollten Sie frühzeitig der Gruppe Bescheid geben und die Gründe darlegen. Es können immer unvorhergesehene Ereignisse dazwischen kommen, die den eigenen Terminplan durcheinander bringen können. Versuchen Sie, den Schaden, der für die Gruppe durch Ihren Ausfall entsteht, so gering wie möglich zu halten. Eine Möglichkeit ist es, ein anderes Gruppenmitglied zu bitten, bei der Erledigung zu helfen oder eine Aufgabe ganz zu übernehmen. Je kurzfristiger der Ausfall, desto schwieriger wird es, eine adäquate Lösung zu finden.

Sollten Gruppenmitglieder versprochene Leistungen zu den festgesetzten Terminen nicht erbracht haben, so kann vielleicht eine Fristverlängerung schon ausreichen, um das Problem zu beheben. Bestehen Sie darauf, dass Ihnen in jedem Fall der bisherige Arbeitsstand zugänglich gemacht wird. Nur so können Sie abschätzen, ob eine realistische Chance besteht, die Aufgabe wirklich in der (verlängerten) Frist zu bearbeiten. Eventuell müssen dann andere Gruppenmitglieder einspringen und wichtige Aufgaben übernehmen. Falls keine Lösung absehbar ist und trotz mehrfacher Nachfragen auch bis kurz vor dem eigentlichen Referatstermin ein Referent kein Ergebnis vorliegen hat, informieren Sie Ihren Dozenten von diesem Notstand. Der Dozent kann schließlich nur bewerten, was er sieht und wenn er die Hintergründe einer schwächeren Gruppenleistung kennt, kann er diesen Umstand angemessen einfließen lassen. Wenn der Referatsteil zwingend erforderlich für das Verständnis des gesamten Referats ist, versuchen Sie kurzfristig die Kernpunkte zusammenzustellen, um sie im Referat stichwortartig vorzustellen. Eventuell übernimmt der Dozent auch diese Rolle.

Ein heikler Punkt ist es, wenn zwar die Termine für die Erledigung eingehalten werden, die Ergebnisse aber für die Gruppe nicht akzeptabel sind. Hier müssen Sie mit Fingerspitzengefühl agieren und dem betreffenden Referenten konstruktives Feedback geben. Zeigen Sie ihm die Schwachstellen auf und eröffnen Sie Lösungswege. Niemand wird für seine Arbeit gerne kritisiert. Deshalb ist ein freundlicher und verbindlicher Ton an dieser Stelle besonders entscheidend. Sollte trotz der Hilfestellung der Referent nicht bereit sein, seine Vorlage noch einmal zu überarbeiten, haben Sie keine Möglichkeit ihn dazu zu zwingen. Die meisten Dozenten verstehen es allerdings, bei Gruppenarbeiten differenziert zu bewerten, sodass Sie in diesem Fall letztlich keine negativen Konsequenzen für Ihre Benotung fürchten müssen.

Machtkämpfe

Eigentlich sind Machtkämpfe um die Führungsrolle in der Gruppe gut, da Führung vor allem auch Mehrarbeit heißt. In studentischen Gruppen sind diese Auseinandersetzungen allerdings eher unüblich, da viele die Mehrarbeit, die eine solche Position mit sich bringt, eher scheuen. Allerdings können die Auseinandersetzungen einiger eine Gruppe belasten und im Extremfall auch lahmlegen oder spalten. Die wichtigsten Gegenmittel gegen eine solche Blockade sind offene Diskussionen über die Vorgänge und eine klare Verteilung der verschiedenen Aufgaben und Leitungsfunktionen. Unter Umständen lassen sich die Kontrahenten auch auf eine Rotation ein, die in regelmäßigen Abständen einen Wechsel an der Spitze vorsieht und so alle an den positiven, wie den negativen Seiten teilhaben lässt. Eine andere Variante ist, eine Abstimmung über Leitungsposten durchzuführen, um für klare Verhältnisse zu sorgen. Dies lohnt sich allerdings nur, wenn die Zusammenarbeit auf längere Zeit angelegt ist und das Ergebnis von besonderem Interesse ist. Wenn Sie selber in diesem Konflikt beteiligt sind, prüfen Sie Ihre Interessen genauestens und setzen Sie im Zweifel Ihre Kräfte in anderen Projekten sinnvoller ein. Langwierige Streitigkeiten um ein wenig Prestige lohnen sich kaum.

Interessenkonflikte

Die einzelnen Gruppenmitglieder können mit sehr unterschiedlichen Interessen in die Zusammenarbeit gehen. So kann es durchaus zu Spannungen kommen, wenn einerseits einige Gruppenmitglieder schnell und mit wenig Aufwand den Schein bekommen wollen, und andererseits sich andere Gruppenmitglieder nicht nur eine sehr gute Note von dem Seminar versprechen, sondern auch ein besonderes Interesse beim Professor wecken wollen. Viele dieser Auseinandersetzungen können vermieden werden, wenn im Vorfeld klar die unterschiedlichen Interessen offengelegt und in der Gruppe diskutiert werden. Jedenfalls ist es einfacher, mit ihnen umzugehen, wenn sie bekannt sind, als wenn die unterschiedlichen Interessen verdeckt gegeneinander arbeiten und es später zum großen Knall kommt, weil die Spannungen zu groß werden.

Exkurs: Emailverteilerlisten / Diskussionsforen   2.4.7

Das Studium ist heute nicht mehr ohne das Internet vorstellbar. Nicht nur die schnelle Online-Recherche von Literatur und Fakten, sondern auch die Kommunikation untereinander, mit Experten und Institutionen wurde enorm vereinfacht. Diese neuen Möglichkeiten beinhalten aber auch neue Risiken und Schwierigkeiten. Wie Sie die Fallen der Foren und Verteilerlisten vermeiden, wird im folgenden Abschnitt erklärt.

Email-Verteiler und Massenmails

Wenn Sie mit E-Mail-Verteilern umgehen, dann gibt es zwei mögliche Rollen: Entweder Sie erhalten als Empfänger selber Massenmails oder Sie versenden Inhalte über einen Verteiler an bestimmte Gruppen.

Viele Verteiler sind als kommunikative Einbahnstraßen gedacht: Einzelne Einrichtungen oder Interessengruppen versenden hier regelmäßige Informationen an interessierte Nutzer. Die Angebote reichen von Newslettern der Bundesregierung, über das „Zitat der Woche" bis hin zu Veranstaltungsinformationen für

Vereine oder Studiengänge. Der große Vorteil dieser Verteiler für
Sie ist, dass Sie die Informationen, die Sie als interessant eingestuft haben, indem Sie sich in die Verteilerliste eingetragen haben,
frei Haus geliefert bekommen. Allerdings sollten Sie darauf achten, dass Sie die Mails auch regelmäßig lesen. Eine Mail über die
geänderten Öffnungszeiten Ihrer Bibliothek hilft Ihnen nicht,
wenn Sie sie aus Gewohnheit weggeklickt haben. Je mehr Mails
täglich automatisch bei Ihnen eingehen, desto schwieriger ist es,
wichtige von unwichtigen Informationen zu unterscheiden. Sor-
tieren Sie deshalb kritisch immer wieder auch Verteiler aus, die
Sie nicht (mehr) benötigen.

Andere Verteiler sind bewusst offen gestaltet und können ähnlich wie Diskussionsforen auch für den Austausch untereinander
genutzt werden. Bevor Sie eine Mail an die gesamte Gruppe richten, überlegen Sie, ob der Inhalt wirklich auch für alle bestimmt
ist oder ob Sie besser einzelne Gruppenmitglieder direkt anschreiben können. Was für sämtliche E-Mail-Kommunikation gilt, be-
sitzt auch hier Gültigkeit: Achten Sie darauf, dass Sie in einem
angemessenen Stil schreiben und berücksichtigen Sie die Formalia, die auch für das Verfassen von Briefen gelten (Anrede, Datum,
Verabschiedung etc.). Nutzen Sie eine dem Adressatenkreis angemessene E-Mail-Adresse (bei offizieller Post sollte der Name
klar aus der Adresse hervorgehen) und kontrollieren Sie Ihre Signatur daraufhin, dass sie kein negatives Aufsehen erregt. Bedenken Sie, dass Sie sich mit jeder Mail zumindest potentiell in der
Öffentlichkeit bewegen, denn es ist ein Leichtes, eine erhaltene
E-Mail ohne Kenntnis des Absenders weiterzuleiten und so für
Ungemach zu sorgen.

Vorsicht auch bei Antworten an E-Mail-Verteiler: Belanglosigkeiten wie „Danke für die Information!" müssen nicht mit allen
geteilt werden! Zudem passiert es leicht, wenn man die Antwort-
funktion nutzt, dass E-Mails, die eigentlich nur an den Absender
der ursprünglichen E-Mail gehen sollten, dann von der ganzen
Gruppe empfangen werden. Im glimpflichen Fall ist es einfach
nur eine weitere E-Mail, die unter der Rubrik Spam in den Papier-
korb wandert. Es kann aber passieren, dass Informationen und

Äußerungen, die nicht für die breitere Öffentlichkeit gedacht waren, dann peinlicher Weise von allen lesbar sind.

Eine Alternative in kleineren Verteilern ist es, die eigentlichen Empfänger in den für die Empfänger der E-Mail unsichtbaren „BCC-Empfänger" zu schreiben und die Mail im „AN-Feld" an sich selbst zu adressieren. So kann niemand sehen, wem Sie die Mail auch gesendet haben. Besonders wichtig ist dies, wenn Sie nicht sicher sind, ob alle E-Mail-Adressen auch allen Empfängern bekannt sein sollen. Es ist sehr unhöflich und auch vom Datenschutzgedanken her sehr umstritten, die E-Mail-Adresse einer Person ungefragt an einen Dritten weiterzuleiten, selbst wenn dies unabsichtlich geschieht.

Natürlich kann man auch per E-Mail-Verteiler eine Diskussion führen. Je komplexer das Problem und je größer der Adressatenkreis ist, desto besser eignen sich dafür allerdings spezielle Diskussionsforen, deren Eigenheiten nun dargestellt werden.

Diskussionsforen

Nicht nur im privaten Bereich, sondern auch für das Studium und den späteren Beruf werden Diskussionsforen im Internet immer wichtiger. Die Vorteile liegen auf der Hand: Die Foren ermöglichen einen schnellen Austausch über fachliche Fragen, ohne dass die Teilnehmer persönlich zusammen kommen müssen. Die gefundenen Antworten und angebotenen Lösungen sind für alle Nutzer dauerhaft sichtbar und können laufend ergänzt werden. Der Diskussionsverlauf, einzelne Argumente und Hinweise sind abrufbar und ermöglichen eine zielgenaue Auswertung und Nutzung der Informationen und erleichtern das Verständnis der Ergebnisse. Damit die Foren auch diese Vorteile entfalten können, gibt es eine Reihe von Regeln und Hinweisen, die man beim Umgang mit ihnen berücksichtigen sollte.

Bei der Wahl des Benutzernamens (Nickname) und der kleinen Verbildlichung, die zuweilen möglich ist (Avatar), gilt das gleiche, was schon zu den E-Mail-Adressen gesagt wurde: Vermeiden Sie anstößige Varianten. Anders als bei E-Mail-Adressen ist bei Benutzernamen in Foren allerdings in der Regel eine

direkte Zuordnung zu Ihrer Person nicht zwingend erforderlich.

Eine besondere Eigenschaft von Diskussionsforen ist, dass Sie
aktiv werden müssen, um an die benötigten Informationen her-
anzukommen. Besuchen Sie in regelmäßigen Abständen das Forum und informieren Sie sich über den Diskussionsstand und die
neuen Beiträge.

Bei allen eigenen Beiträgen sollten Sie im Hinterkopf haben,
dass Sie sich mit Ihren Äußerungen in der Öffentlichkeit bewegen. Selbst wenn das betreffende Forum nur für einen kleinen
Personenkreis zugänglich ist und Sie die Nutzer persönlich kennen, sollten Sie den Stil wahren. So sollten Ihre Beiträge natürlich
auch nicht gegen gesetzliche Bestimmungen verstoßen. Dies gilt
insbesondere für Persönlichkeitsrechte (u.a. Beleidigungen) und
für Urheber- und andere Schutzrechte. Ihre Beiträge sollten sachlich, prägnant und problemorientiert sein. Viele Foren leiden darunter, dass Gezänk und Belanglosigkeiten viel Raum einnehmen
und so einzelne Forenthemen regelrecht verstopfen und diese auf
lange Sicht dann unattraktiv und unbrauchbar werden. Sie sollten
also möglichst gehaltvollen und neuen Inhalt zur Diskussion bei-
steuern. Schauen Sie bevor Sie einen Beitrag schreiben im Diskussionsverlauf nach, ob Ihr Inhalt schon so oder ähnlich in die
Diskussion eingebracht wurde und verzichten Sie im Zweifel lieber auf ein erneutes Einstellen.

Hilfreich ist es, wenn Sie klare und informative Überschriften
für Ihre Beiträge finden, damit interessierte Leser sich schnell
über den Inhalt orientieren und entscheiden können, ob der Beitrag für sie lesenswerte Informationen enthält. Die Anzahl von
angehäuften Ausrufezeichen hinter einer Überschrift ist nicht
Indikator für die Wichtigkeit des Beitrags, auch wenn dies oft
suggeriert werden soll.

Eine der zentralen und (leider) oft verletzten Regeln betrifft die
Thementreue der Beiträge (offtopic). Bleiben Sie beim Thema!
Wenn das Thema lautet: „Das dritte Gesetz der Thermodynamik
und seine Anwendung", dann sollte es zum Schluss nicht um
Governance-Theorie oder Kuchenrezepte gehen. Falls Sie das Ge-

fühl haben, dass Ihr Beitrag nicht 100%ig zum Thema passt, dann machen Sie ein neues Thema auf.

Teamwork und Besprechungen im Beruf   2.4.8

Viele der hier beschriebenen Situationen und Mechanismen finden Sie in gleicher oder sehr ähnlicher Form auch später im Berufsleben. In vielen Berufen müssen Sie in Arbeitsgruppen kürzere oder längere Projekte entwickeln, betreuen oder umsetzen. Der wesentliche Unterschied zur studentischen Gruppenarbeit besteht in der größeren Bedeutung der bestehenden Hierarchien. Der Vorsitz der Gruppe wird meist von außen vorgegeben und autoritative Entscheidungen sind häufiger anzutreffen. Das Plenum dient dabei nur der Beratung oder Absicherung und letztlich entscheidet der Verantwortungsträger alleine. Für das eigene Fortkommen ist dabei das Verhältnis zu den Personen, die in der Hierarchie über einem stehen, von zentraler Bedeutung. In dem starken Konkurrenzverhältnis, in dem viele Berufstätige zu ihren Kollegen stehen, ist es dabei besonders wichtig, die eigene Leistung bei wichtigen Personen deutlich zu machen (auch hier ohne allzu sehr als „Streber" aufzufallen).

Eine Form des Treffens ist im Beruf häufiger als im Studium anzutreffen: die Besprechung. Zwar gelten auch hier viele Regeln, die auch für die normalen Referatstreffen von Studenten gelten, allerdings finden die Treffen nicht nur regelmäßiger statt, sondern laufen auch formaler ab. Je nach Unternehmen oder Abteilung gibt es Jahres-, Monats- oder Wochenbesprechungen, auch tägliche Dienstbesprechungen sind nicht unüblich. Die Treffen dienen der Information über den Fortschritt von Projekten und dem Überblick über einzelne Arbeitsstände und über Projekte der anderen Teilnehmer. Des Weiteren werden neuen Aufgaben verteilt oder bestehende Probleme angesprochen. Sie werden auch zur Motivation, zum Loben und Tadeln und zum sozialen Austausch genutzt.

Wenn Sie sich auf solche Treffen vorbereiten möchten, helfen die folgenden Fragen:

- Wie ist der Stand meiner Arbeit? (Fortschritte, Problembereiche, nächste Arbeitsschritte)
- Welche Termine sind anzumerken?
- Welche Zuarbeit/Unterstützung ist (ggf. mit Termin bis wann) von anderen nötig?
- Welche Hinweise habe ich für andere Projekte oder Teilnehmer?
- Gibt es Ideen für neue Projekte, andere Vorgehensweisen etc.?
- Was gibt es an sozialen Anliegen an den Kreis? (Geburtstagsfeier bis Mobbing)

Auch die Nachbereitung dieser Treffen sollten Sie nicht vernachlässigen:

- Welche Aufgaben habe ich (neu) bekommen? (Details der Aufgabe notieren)
- Bis wann müssen die Aufgaben erledigt sein?
- Benötige ich Unterstützung oder Zuarbeit für diese Aufgaben?
- Welche Ressourcen benötige ich/stehen mir zur Verfügung?
- Welche Fragen blieben offen in der Besprechung?

Reden für ein höheres Ziel! Politisches Engagement im Studium   2.5

Es gibt für Studenten eine Vielzahl von Möglichkeiten, schon während des Studiums politisch aktiv zu werden. Die Bandbreite reicht von einem Engagement in Fachschaften, politischen Hochschulgruppen, Vereinen oder Nicht-Regierungsorganisationen wie Greenpeace über die Beteiligung an der Hochschulpolitik im Studentenparlament oder in anderen Verwaltungsgremien der Universität bis hin zur Übernahme von Aufgaben und Posten in der lokalen Politik und in Parteien. Die Rhetorik ist dabei für alle diese Betätigungsfelder von zentraler Bedeutung. Wahlkämpfe, Verhandlungen, Mitgliederversammlungen, Podiumsdiskussionen, Interviews und viele andere Situationen erfordern eine klare rhetorische Analyse der Situation und einen bewussten Umgang mit den jeweils zur Verfügung stehenden Mitteln, um das eigene Ziel zu erreichen.

Eine Besonderheit der politischen Rhetorik in der Hochschule ist ihr doppelter Charakter als Training und zugleich „Ernstfall". Gerade hochschulpolitisches Engagement wird häufig in einer Trainingsatmosphäre ausgeübt, da es zumeist nur einen kleinen Einflussbereich abdeckt und im Gegensatz zu „richtiger" Politik selten von großer Wirkung und Bedeutung ist. Allerdings bietet sich für Studenten hier auf der anderen Seite die Möglichkeit, Mechanismen, die so oder ähnlich auch sonst in der Politik wirken, unter realistischen Bedingungen einzuüben. Und zuweilen sind die in der Hochschule geführten Machtkämpfe und Auseinandersetzungen von enormer Brisanz, sodass diese Art des Engagements nicht zu unterschätzen ist.

Das kleine rhetorische 1x1 für Versammlungen   2.5.1

Versammlungen sind Übungsfelder par excellence für die Mechanismen der Politik und der politischen Rhetorik im Kleinen. Ob in kleinen Vereinen oder großen Parteien, mindestens einmal im Jahr treffen sich die Mitglieder zu einer Vollversammlung und entscheiden über die Vergabe von Führungsämtern und die inhaltliche Ausrichtung. Hier wird über die Vergabe von Macht entschieden und konkrete Maßnahmen und Vorschläge werden diskutiert und durchgesetzt oder abgeschmettert. Anhand von Mitgliederversammlungen lassen sich viele Aspekte zeigen, die in dieser Form oder leicht abgewandelt auch für andere politische Situationen gelten.

Strategien im Vorfeld – Die Vorbereitungsphase

Die Vorbereitungsphase ist entscheidend für den Erfolg von eigenen Vorhaben, die durch die Versammlung entschieden werden sollen.

Zunächst gilt es, nach einer umfassenden Problemanalyse, eigene Vorschläge zur Lösung der anstehenden Probleme zu entwickeln. Sie sollten schon früh versuchen, Ihren Lösungsvorschlag als Antrag für die Versammlung schriftlich auszuformulieren. Spätestens bei der Versammlung muss nämlich über den Wortlaut Ihres Vorschlags abgestimmt werden und je eher Sie diesen entworfen haben, desto mehr Zeit bleibt Ihnen, vorhandene Schwächen und Lücken zu erkennen und zu vermeiden. Oft kommt es bei der Diskussion der verschiedenen Anträge auf Versammlungen auf einzelne Formulierungen oder gar Worte an, sodass Sie hier mit besonderer Sorgfalt arbeiten sollten. Es lohnt sich, verschiedene Versionen des Antrags zu entwickeln, um in der Verhandlungssituation flexibel auf unterschiedliche Szenarien vorbereitet zu sein. Ausgangspunkt ist dabei das optimale Ergebnis, in dem Sie Ihre Maximalforderungen definieren. In einem zweiten Schritt schauen Sie, von welchen Punkten entweder ganz abgerückt werden kann oder welche Abstufungen möglich sind. Wenn Sie diese Rückzugslinien für Kompromissverhandlungen klar vor Augen haben, sollten Sie die „roten Linien" ziehen, die nicht überschritten werden dürfen, d.h. welche Punkte noch im Antrag mindestens enthalten sein müssen, damit eine Aufrechterhaltung für Sie überhaupt noch Sinn macht. Gleiches gilt auch für Ihre Gesamtstrategie, wenn Sie mehrere Ziele bei der Versammlung verfolgen. Erstellen Sie eine Prioritätenliste, auf der sie festhalten, welches Ziel in jedem Fall erreicht werden soll und bei welchem ein Scheitern nicht so problematisch wäre. Je höher die Priorität des Ziels, desto mehr Engagement und Beharrlichkeit sollten Sie einkalkulieren, um es zu erreichen.

Sie sollten darauf achten, dass Ihre Vorschläge zu den Tagesordnungspunkten (TOP) auf der Versammlungsagenda passen. Falls Ihre Anträge sich nicht zu einem bestehenden Tagesordnungspunkt zuordnen lassen, sollten Sie frühzeitig einen entsprechenden TOP auf die Tagesordnung setzen lassen. Beachten Sie, dass es zuweilen auch Fristen für die Einreichung von Anträgen gibt, die Sie einhalten sollten.

Aufbau von Koalitionen im Vorfeld der Versammlung

Je weniger erklärte Gegner Ihr Vorschlag vor und während der Versammlung hat, desto besser. Versuchen Sie also im direkten Gespräch die künftigen Versammlungsteilnehmer von einem möglichst günstigen Abstimmungsverhalten für Ihre Sache zu überzeugen. Dabei sollten Sie sich bemühen, Unentschlossene in Ihr Lager zu holen und bei Ihren Gegnern zumindest leise Zweifel an ihrer Position oder eine neutrale Haltung provozieren. Machen Sie dabei die Relevanz Ihrer Ideen klar. Weisen Sie auf die Vorteile Ihres Vorschlages hin und warnen Sie gleichzeitig vor den negativen Folgen des Nicht-Handelns oder anderer Maßnahmen. Überlegen Sie, bevor Sie in die Gespräche gehen, welche spezifischen Argumente für die einzelnen Gesprächspartner jeweils besonders stark wirken müssten. Gegebenenfalls können Sie auch erste Kompromissmöglichkeiten ausloten und die Reaktionen auf verschiedene Optionen Ihres Vorschlags testen. Führen Sie eine Strichliste mit den sicheren Stimmen, den unsicheren Kandidaten und den erklärten Gegnern.

Politische Argumentation

Politische Argumentationen findet man immer dort, wo zukunftsgerichtete Entscheidungen und Maßnahmen für eine Gruppe von Menschen getroffen werden und eine Beratung über diese geführt wird. Dies beginnt bei der Entscheidung über die Abendgestaltung einer Freundesclique und endet bei staatstragenden Entscheidungen über Frieden, Freiheit und Wohlstand von Völkern. Da sich die Folgen der Entscheidung für eine Person oder für einen Vorschlag erst in der Zukunft zeigen werden, kann gerade im politischen Umfeld nicht mit endgültigen Wahrheiten argumentiert, sondern muss mit Wahrscheinlichkeiten gearbeitet werden. Auch wenn sich viele Redner in ihren Beiträgen den Anstrich unumstößlicher Wahrheit und Zwangsläufigkeit der Ereignisse geben wollen, bleibt zu beachten, dass immer auch eine Alternative denkbar ist, die die Endgültigkeit der Behauptungen widerlegt. Hinzu kommt zumeist eine hohe Komplexität der Zusammenhänge von Ursache und Wirkung, sodass einfache Erklärungen und Argumentationen selten dauerhaft befriedigen können. Und politische Argumentationen werden zudem immer von parteilichen Standpunkten aus gehalten, in die mehr oder weniger ausdrücklich bestimmte ideologische Positionen als Prämissen einfließen; sie sind also zutiefst subjektiv geprägt. Machen Sie sich selbst Ihre eigenen Grundannahmen der Argumentation bewusst und versuchen Sie, gleiches auch mit der Position Ihrer Kontrahenten zu tun. Dieses Verständnis der oft ungesagten und nicht hinterfragten Selbstverständlichkeiten ermöglicht Ihnen eine klare und differenzierte Analyse der Gemeinsamkeiten und Unterschiede der Positionen und bietet Ihnen die wichtigsten Ansatzpunkte für erfolgreiche Argumentationen. Trotz dieser Schwierigkeit, der man sich bei politischen Argumentationen stellen muss, kann man einzelne Fixpunkte benennen, die die eigene Tätigkeit in diesem Feld erleichtern können.

Der Kern politischer Argumentationen wird häufig durch die Abwägung von Nutzenaspekten gegenüber den zu erwartenden Schäden bestimmt. Sie sollten sich stets fragen, wem eigentlich eine Entscheidung nutzt und wem sie schadet und in welchem Verhältnis Nutzen und Kosten stehen. Je mehr betroffene Menschen von der Regelung einen möglichst großen Nutzen haben und je kleiner die Zahl der „Verlierer" einer Entscheidung ist, desto besser ist dies für Ihre Argumentation.

Drei Elemente sollte man bei politischen Argumentationen besonders beachten: Das zu lösende Problem, die Ziele, die erreicht werden sollen und die Maßnahme, die Problem und Ziel miteinander als Lösungsweg verbindet. Will man einen eigenen Vorschlag entwickeln oder den eigenen oder andere Vorschläge auf ihre Tragfähigkeit prüfen, so bieten diese drei Elemente Anknüpfungspunkte für kritische Fragen.

Ein Problem besteht, wenn ein tatsächlicher Zustand von seinem Soll-Zustand abweicht. Fraglich ist also: Besteht überhaupt ein Problem oder besteht es in dem behaupteten Umfang? Oder anders formuliert: Gibt es Handlungsbedarf? Als Faustregel kann gelten: Je größer das Problem, je mehr Betroffene, je gravierender die Folgen, desto größer ist der Handlungsbedarf. Wenn es keinen Handlungsbedarf gibt, weil z.B. das Problem bei näherer Betrachtung (oder anderer Sichtweise) keines ist oder sich in absehbarer Zeit selbst löst, dann erübrigt sich auch die Gegenmaßnahme.

Das Ziel ist der angestrebte oder der optimale Zustand. Hier kann man sich fragen: Ist das vorgeschlagene Ziel erstrebenswert oder gibt es andere, bessere Ziele bei der Problemlösung?

Die Maßnahme ist, wie schon gesagt, die Verbindung zwischen Problem und Ziel; mit ihr wird versucht, das Problem zu lösen und dem optimalen oder gewünschten Zustand entgegenzuführen. An dieser Stelle bieten sich eine Reihe von kritischen Punkten, die es zu hinterfragen gilt: Ist die vorgeschlagene Maßnahme wirklich ein Beitrag zur Lösung des Problems und zur Erreichung des Ziels? Es gibt viele Gründe, warum eine Maßnahme nicht zum Problem oder zum Ziel passen kann. Die Liste reicht vom bloßen Aktionismus, über zu geringe Ausstattung bis hin zur Verschärfung des Problems durch falsche Anreize. Wenn die Maßnahme wirklich dazu beiträgt das Problem zu lösen, steht dort sofort die nächste Frage im Raum: Ist es auch das einfachste Mittel dieses Problem zu lösen? In einem besonders krassen Fall könnte man hier davon sprechen, mit den sprichwörtlichen Kanonen auf kleines Gefieder zu schießen. Gibt es eine Lösung, die einen vergleichbaren Effekt hat und weniger Kosten (finanziell, sozial u.ä.) verursacht, dann ist natürlich diese Lösung zu präferieren.

Welche unbeabsichtigten oder verschwiegenen (Neben-)Folgen entstehen bei der Umsetzung der Maßnahme? Eigentlich bei jeder Maßnahme gibt es neben den beabsichtigen Folgen auch Wirkungen, die Vertreter dieser Lösung nicht so gerne hören, weil hier gewichtige Gegenargumente versteckt sind.

Verhandlungsmanagement und Umgang mit Rednerlisten

Grundsätzlich sollten Sie in der Versammlung freundlich im Ton und hart in der Sache verhandeln. Denn, je persönlicher und verbissener die Angelegenheit geführt wird, desto schwieriger werden Kompromisse, die auch von der Gegenpartei und den unentschiedenen Mitgliedern mitgetragen werden können. Sympathie ist ein nicht zu unterschätzender Faktor bei Entscheidungen. Zwar lassen sich auch mit anderen Strategien, die auf Konfrontation und Provokation basieren, Erfolge erzielen, allerdings gehen diese zu Lasten des Verhandlungsklimas und erschweren gütliche Einigungen der beteiligten Parteien enorm. Dies ist aber keineswegs ein Plädoyer gegen Emotionalität in der Verhandlung. Wenn Sie „Ihre Sache" mit Engagement und Verve vortragen, schadet das Ihrem Ansehen überhaupt nicht, sondern im Gegenteil, es stärkt Ihre Glaubwürdigkeit, wenn Sie mit Herzblut und großer Überzeugtheit von der Richtigkeit Ihrer Idee in der Verhandlung sprechen.

Sie sollten die in der Vorbereitung schon begonnene Analyse der anderen beteiligten Parteien während der Versammlung auf keinen Fall vernachlässigen. Die Positionen können sich verschieben, vorher gemachte Äußerungen und Versprechen zurückgezogen werden, neue Gruppen können entstehen und vieles mehr. Die Analyse muss also dynamisch sein, d.h. die Änderungen in den bestehenden Konstellationen und Positionen während der Verhandlung sollten Sie aufmerksam registrieren und für die eigene Strategie nutzen. Einige Fragen, an denen Sie sich orientieren können, sind: Welche Position haben die anderen Parteien in dieser Sache? Welche Hauptargumente führen sie ins Feld? Welche Argumentationen lassen sie (noch) außen vor? Wo bestehen Unterschiede bei den Mitgliedern der anderen Parteien (Sollbruchstellen)? Welche Inkonsistenzen lassen sich feststellen und welche Gegenargumentationen stehen gegen die gegnerische Position?

Wenn Sie mit mehreren Teilnehmern zusammen eine Idee vertreten oder als eine Delegation in eine Versammlung gehen, lohnt es sich vorher eine Teamstrategie zu vereinbaren. Neben dem Durchsprechen der Prioritäten und der in der Vorbereitung ausgearbeiteten Anträge mit ihren Demarkationslinien, geht es dabei vor allem um die Verteilung von bestimmten Rollen, die die einzelnen Mitstreiter im Dienste der Sache in der Verhandlung übernehmen können. Dabei gibt es abhängig von der Anzahl der Delegationsmitglieder, der eigenen Vorgeschichte in dem betreffenden Kreis und dem eigenen Charakter eine Vielzahl von möglichen Rollen. Drei Möglichkeiten, nämlich die Aufteilung zwischen dem „guten Jungen", dem „bösen Jungen" und dem „ehrlichen Makler" werden kurz vorgestellt. Der gute Junge ist der Sympathieträger für die eingebrachte Idee, der versucht mit Charme, Witz und durch ein nettes, verbindliches Auftreten eine gute Stimmung für die Beschlussfassung im intendierten Sinn zu schaffen. Ihm kommt es zu, die besonderen Vorteile des Vorschlags zu betonen und eine farbige Vision von den positiven Wirkungen zu zeichnen. Auch gegenüber den anderen Verhandlungsparteien wahrt er stets die freundliche Grundhaltung und gibt sich auch in Streitfällen versöhnlich-beschwichtigend. Er kann immer wieder die Gemeinsamkeiten zwischen den Positionen herausstellen und das bisher Erreichte festhalten und würdigen.

Der böse Junge übernimmt die Abteilung Attacke. Er nennt unbequeme Wahrheiten und spricht nicht offen gelegte Ziele oder Prämissen der anderen Parteien aus. Er übt hauptsächlich Kritik am Gegner und dies möglichst fundiert. In Einzelfällen kann er auch zum Mittel der Provokation greifen. Er betont das Trennende zwischen den bestehenden Positionen. Seine Aufgabe kann es auch sein, die eigene Position durch eine Beschreibung der negativen Konsequenzen des Nicht-Handelns oder anderer Vorschläge zu stärken. Wenn es in Verhandlungssituationen erforderlich erscheint, kann er auch gemachte Zusagen und Kompromissformeln wieder in Frage stellen und die Maximalforderungen als Lösung forcieren.

Der ehrliche Makler bemüht sich von vornherein, einen unabhängigen Eindruck in der Versammlung zu hinterlassen, denn nur dann werden ihm alle Parteien das Vertrauen schenken, welches er für seine Rolle benötigt. Sobald seine (eigentliche) Parteilichkeit von den anderen Verhandlungsteilnehmern wahrgenommen und der Schleier der Unabhängigkeit zerrissen wird, ist er seines wichtigsten Vorteils beraubt. Seine Aufgabe als quasi unbeteiligter Mittler ist es, immer wieder moderierend die Gemeinsamkeiten und die noch offenen Streitpunkte zusammenzufassen und Kompromisslinien deutlich zu machen. Er fordert Zugeständnisse von beiden Seiten ein und macht dazu konkrete Vorschläge. Durch die Kenntnis der Kompromisslinien seiner Delegation weiß er, welche Angebote er machen kann und welche Punkte er auf keinen Fall zur Diskussion stellt. Bei den Kompromissvorschlägen versucht er so wenig wie möglich von der Maximalposition der eigenen Delegation abzurücken und weitgehende Zugeständnisse von der Gegenseite zu bekommen. Allerdings darf seine Unabhängigkeit unter dieser Maximierungsstrategie nicht leiden.

In der Versammlung ist es sinnvoll, sich nicht in einen Block zu setzen, sondern sich im Raum strategisch geschickt zu verteilen. So können Sie in Nachbargesprächen eine Vielzahl von Informationen erfahren und zugleich Einfluss ausüben, der Ihnen verwehrt wäre, wenn Sie gemeinsam mit Ihren Kollegen auf einem Fleck hockten. Zudem kann so für Unentschlossene der unbewusste Eindruck entstehen, wenn aus unterschiedlicher Richtung Unterstützung geäußert wird, dass Ihr Vorschlag von allen oder zumindest vielen Seiten positiv bewertet wird.

Rednerlisten

Da auf Versammlungen eigentlich immer sehr viele Teilnehmer auch reden wollen und dies ohne Ordnungsvorgaben gerade bei großen Gruppen nur schwer zur Zufriedenheit aller geregelt werden kann, wird in der Regel die Reihenfolge der Redebeiträge durch eine Rednerliste bestimmt. Die Rednerliste wird vom Sitzungsleiter oder einem Beauftragten geführt. Durch ein Zeichen (Blickkontakt, Handzeichen o.ä.) wird der Wunsch, auf die Rednerliste zu kommen, angezeigt. Die Rednerliste wird dann chronologisch abgearbeitet, bis entweder der letzte Redner auf der Rednerliste seinen Beitrag geäußert hat und nicht der Wunsch, sich zu äußern angezeigt wird (oder die Rednerliste geschlossen wurde) oder wenn ein Geschäftsordnungsantrag (kurz: GOA) auf Abstimmung erfolgreich war.

Auch beim Umgang mit Rednerlisten gibt es einige strategische Aspekte, die in der Verhandlung sehr hilfreich sein können. Meldet sich ein Mitglied einer gegnerischen Partei, so bietet es sich an, sich direkt danach auf die Rednerliste setzen zu lassen. Dies ermöglicht Ihnen eine direkte Antwort und Entkräftung der gegnerischen Argumentation. Dies ist schwieriger, wenn einige andere Redner schon gesprochen haben und sich das Thema weiterentwickelt hat und Sie dann auf die bis dahin unwidersprochene Position verweisen müssen. Natürlich erfordert es zuweilen eine sehr schnelle Auffassungsgabe und Eloquenz, wenn der Vorredner eine neue und unerwartete Argumentation vorstellt. Je mehr Zeit und Aufwand Sie in die Vorbereitung investiert haben, desto leichter können Sie in diesen schwierigen Situationen die passenden Worte finden.

Da in Verhandlungen viele Informationen auf Sie einstürmen und Sie Ihre Aufmerksamkeit immer wieder auf den Verlauf der aktuellen Debatte lenken müssen, ist es sehr hilfreich, sich kurz die für Sie und Ihr Vorhaben relevanten Punkte, Positionierungen und Argumente stichwortartig mitzuschreiben und sie als Sprechzettel für den eigenen Beitrag zu nutzen. Dabei sollten Sie darauf achten, relativ frei und direkt zum Publikum zu sprechen.

Das letzte Wort vor der Abstimmung zu haben, ist ein großer strategischer Vorteil. Sie können auf dieser Position bestehende Argumentationen widerlegen, neue Argumente einführen, ohne dass der Gegenseite die Möglichkeit der Widerlegung bleibt und mit einer Aufzählung der Vorteile und einem Schlussappell die noch Unentschlossenen kräftig umwerben. Deshalb sollten Sie versuchen, auf den letzten Platz der Rednerliste zu kommen. Ein Mittel dazu ist, auf ein Zeichen hin, einen Mitstreiter einen GOA auf Schließung der Rednerliste (mehr dazu im nächsten Abschnitt) stellen zu lassen, nachdem man sich selbst auf die Rednerliste hat setzen lassen.

Geschäftsordnungsanträge

Wichtiges Handwerkszeug bei offiziellen Veranstaltungen (wie zum Beispiel Mitgliederversammlungen) ist der richtige Umgang mit Geschäftsordnungsanträgen (GOA). Unter § 21 ff. BGB (insb. 32 ff.) finden sich sämtliche möglichen Formen eines GOA in Vereinen. Sie haben immer Vorrang vor anderen Tagesordnungspunkten und müssen sofort nach ihrem Einbringen abgehandelt werden. Zu jedem GOA muss es auch eine Abstimmung unter den Anwesenden geben, wenn er nicht durch den Antragssteller wieder zurückgezogen wird. Um einen GOA anzuzeigen, hat sich als Zeichen das Heben beider Arme durchgesetzt. Entscheidend ist es, dass Sie die GOA klar und eindeutig formulieren. Unabhängig von der jeweiligen Satzung des tagenden Gremiums gibt es fünf besonders wichtige GOA, die Sie kennen sollten.

Antrag auf Änderung der Tagesordnung

Die Tagesordnung geht allen Teilnehmern der Sitzung eigentlich rechtzeitig vor dem Treffen zu. Da die Inhalte und die Reihenfolge allerdings vom Vorstand erstellt werden, kann die Tagesordnung zuweilen in einigen Punkten oder im Ganzen Ihren Interessen zuwiderlaufen. Hierzu können Sie spätestens zu Beginn der Sitzung einen Antrag auf Änderung der Tagesordnung stellen. Sie schlagen dann eine konkrete andere Reihenfolge oder die Aufnahme neuer Punkte auf die Tagesordnung vor. Dabei sollten Sie beachten, dass Sie durchaus mit einer strategischen Gestaltung der Tagesordnung ein Thema für sich in ein leichteres oder schwierigeres Umfeld platzieren können. So ist zu beobachten, dass besonders häufig sehr strittige Themen kurz vor dem Mittagessen oder zum Schluss der Veranstaltung abgehandelt werden. Das Kalkül dahinter ist klar: Je erschöpfter die Kontrahenten, desto eher erscheint eine Einigung auch gegen Widerstände durchsetzbar. Allerdings ist diese Strategie keine Garantie für Erfolg.

Antrag auf Unterbrechung der Sitzung

Pausen sind bei wichtigen Sitzungen in der Regel nicht dazu da, sich zu erholen, sondern werden für Absprachen, Rückfragen und zum Formulieren genutzt. Deshalb ist die Pausengliederung nicht zu vernachlässigen. Insbesondere wenn Gesprächsbedarf zwischen Ihnen und Kollegen oder anderen Gruppen besteht, sollten Sie einen Antrag auf eine kurze Pause stellen. In dieser Zeit können Sie auch die Stimmung unter den anderen Sitzungsteilnehmern ausloten, Kompromisslinien mit Koalitionspartnern oder Gegnern besprechen oder auch Personen, die nicht an dem Treffen teilnehmen, telefonisch um Rat oder Anweisungen fragen. Nicht zuletzt sind die Pausen ein guter Moment, um weitere Anträge und Vorschläge im Wortlaut zu fixieren oder notwendig gewordene Änderungen einzufügen, um dann in der Versammlung den abstimmungsbereiten Text vorlegen zu können.

Antrag auf Schluss der Rednerliste

Diskussionen, die mit einer Rednerliste geführt werden, haben den Vorteil, dass man sie, eine Mehrheit im Raum vorausgesetzt, leicht beenden kann, nämlich mit einem Antrag auf Schließung der Rednerliste. Sollten sich in der Diskussion erste Anzeichen ergeben, dass die wesentlichen Argumente ausgetauscht sind und eigentlich alles, wenn auch noch nicht von jedem gesagt wurde, nutzen Sie die Chance, sich und den anderen Sitzungsteilnehmern Zeit und Nerven zu sparen und stellen Sie den Antrag auf Schließung der Rednerliste. Besonderes strategisches Gewicht entwickelt dieser GOA in Verbindung mit dem Versuch, auf den wichtigen letzten Platz der Rednerliste zu kommen.

Antrag auf Abstimmung

Wird ein Antrag auf Abstimmung gestellt und er bekommt eine Mehrheit in der Versammlung, dann schließt sich sofort an diese Abstimmung die Abstimmung über den gerade verhandelten Tagesordnungspunkt an. Eine bis dahin bestehende Rednerliste wird dann nicht mehr abgearbeitet. Gerade in hitzigen Debatten ist dieser GOA eine Möglichkeit, die Gunst der Diskussionsentwicklung für sich zu nutzen, indem man nach einem sehr überzeugenden Beitrag von einem Redner die Abstimmung forciert.

Antrag auf Öffnung der Rednerliste

Ergibt sich aus irgendeinem Grund Diskussionsbedarf oder soll eine Entscheidung ein wenig verzögert werden, dann gibt es die Möglichkeit, einen Antrag auf Öffnung der Rednerliste zu stellen. Dabei ist es egal, ob es zu dem Thema schon eine Aussprache gab oder nicht, es kommt lediglich darauf an, ob Sie für Ihren Antrag eine Mehrheit finden, die noch einmal oder zum ersten Mal über dieses Thema im Plenum sprechen möchte. Besonders empfehlenswert ist dies, wenn sich ein neuer Sachstand in einer Frage ergibt, neue Aspekte auftauchen, die bisher noch nicht bedacht worden sind oder wenn Sie das Gefühl haben, eine Entscheidung soll ohne Aussprache „durchgepeitscht" werden, weil sie besonders kritisch ist.

Reflexion und Umsetzung – Die Nachbereitungsphase

Die Nachbereitung von Versammlungen sollte nicht unterschätzt werden. Sie sollten sich noch einmal Ihre Prioritätenliste vornehmen und Ihren Erfolg bei der Versammlung überprüfen. Erfolg bestimmt sich als Grad der Zielerreichung von vorher definierten Zielen. Konkret: Welche Ziele sind erreicht worden? Welche sind verfehlt worden? Warum sind einige Ziele nicht erreicht worden? Welche Lehren sind aus dem Ablauf für die nächsten Versammlungen zu ziehen? Hier sollten Sie auch kritisch Ihre Teamstrategie und die Rollenerfüllung jedes Einzelnen hinterfragen und überlegen, welche Verbesserungen für das nächste Mal möglich sind.

Wenn Sie einzelne Aufgaben oder Ämter bekommen haben, sollten Sie sich umgehend an die Arbeit machen. Es lohnt sich, so es Vorgänger im Amt gibt, diese zu kontaktieren und über die Herausforderungen und Möglichkeiten des Amtes und die eigenen Ideen zu sprechen. Wichtig ist es, wenn es irgendwie möglich ist, gemachte (Wahl-)Versprechen auch einzulösen.

Ein ganz wichtiger Punkt bei der Nachbereitung ist die Kontrolle der Umsetzung. Was wird aus meinem Vorschlag? Wird der Wille der Versammlung richtig interpretiert oder nur eine Scheinlösung umgesetzt? Welche Fehler treten bei der Umsetzung auf, die bei der nächsten Versammlung durch einen neuen Antrag behoben werden sollten, wo liegt Verbesserungspotential? Und mit der Analyse der bestehenden Probleme und Verbesserungsmöglichkeiten beginnt der Kreislauf der Politik erneut von vorne.

Kandidaturen   2.5.2

Die Aufstellung als Kandidat für ein bestimmtes Amt sollte wohlüberlegt sein. Nicht nur, ob man es sich zutraut, sondern auch, was man eigentlich in dem Amt machen will, sollte man sich vorher zumindest in groben Zügen überlegen. Es gibt zwei große Themenblöcke, über die eine offene Wahl mit mehreren Bewerbern entschieden wird: die eigenen Vorhaben und Positionen, also das Programm und die eigene Eignung und Motivation, sprich die Person.

Zentral für ein überzeugendes Programm ist zunächst die Analyse des Status quo und die Aufdeckung der Probleme im aktuellen Zustand, wie es zu Beginn des Kapitels erläutert wurde. Was läuft nicht optimal oder sogar schlecht? Um welche Bereiche wurde sich bisher gar nicht oder zu wenig gekümmert? Beachten Sie dabei, dass es Problembereiche sein müssen, die Ihre Wähler als Belastung oder störend empfinden. Wenn Sie die verbesserungswürdigen Bereiche erkannt und deren Ursachen ergründet haben, entwickeln Sie realistische und zu Ihren Grundüberzeugungen passende Lösungsansätze. Der nächste Schritt ist die Recherche von unterstützenden Daten und Fakten sowie von plausiblen Gründen, mit denen Sie Ihre Vorschläge untermauern und verteidigen können. Beantworten Sie sich selbst die Frage: Warum ist mein Programm überhaupt relevant? Welchen Nutzen haben meine Vorschläge? Zum Schluss überprüfen Sie Ihr Gesamtkonzept auf Schlüssigkeit und entwickeln Gegenargumente zu den wahrscheinlichsten Angriffen der Gegenparteien, um sich inhaltlich abzusichern.

Zwei Überzeugungsziele haben Sie bezüglich Ihrer eigenen Person, wenn Sie in Wahlkämpfen engagiert sind: Zum einen wollen Sie sympathisch erscheinen („Das ist ein Netter!") und zum anderen als kompetent wahrgenommen werden („Der kann das!"). Wenn es Ihnen gelingt, in diesen beiden Kategorien in der Publikumsgunst besser abzuschneiden als Ihre Konkurrenten, dann haben Sie bei der Wahl gute Karten. Es gibt natürlich kein Patentrezept für einen gewinnenden Auftritt. Aber wenn Sie sich bemühen, sich freundlich, offen und verbindlich zupackend zu verhalten, werden Sie wahrscheinlich nicht als großer „Unsympath" empfunden werden. Der zentrale Maßstab, an dem Sie sich und Ihre Auftritte messen sollten, ist die Glaubwürdigkeit. Verkörpern Sie die Attribute, mit denen Sie sich schmücken und die Inhalte, die Sie fordern, glaubwürdig? Überprüfen Sie Ihren bisherigen Werdegang, Ihre bisher gezeigten Leistungen und getätigten Äußerungen auf Konsistenz mit Ihrem aktuellen Erscheinungsbild und Programm. Sollten sich deutliche Brüche und Inkonsistenzen ergeben, überlegen Sie sich plausible Erklärungen und Argumente, warum Sie diesen Sachverhalt heute anders bewerten, warum es damals richtig war, diese Entscheidung zu treffen, und warum dieser Bruch Ihnen eher zum Vorteil als zum Nachteil gereicht.

Wenn es darum geht, die persönlichen Vor- und Nachteile zu umschreiben, wie es zuweilen von Kandidaten erbeten wird, scheuen sich viele Menschen, sich selbst ausgiebig zu loben. Ein Hilfsmittel hierbei ist, die Beschreibung der eigenen Charaktereigenschaften anderen Personen in den Mund zu legen („Meine Freunde sagen, ich sei ..."/„Sogar meine Gegner gestehen mir zu, dass..."). Auch hier sollten Sie sich während der Vorbereitungen überlegen, welche Eigenschaften Sie glaubhaft verkörpern und wo Ihre Schwächen liegen, die ein nicht zu negatives oder gar implizit ein positives Licht auf Sie werfen.

Den Eindruck von Kompetenz kann man vor allem durch den Nachweis von einschlägigen Erfahrungen oder Auszeichnungen (Abschlüsse/Titel) gewinnen. Zeigen Sie, wie Sie vergleichbare Probleme in der Vergangenheit gelöst haben oder über welche Kompetenzen Sie nachweislich verfügen, die für die Problemlösung von zentraler Bedeutung sind. Zusätzlich sind natürlich fachlich fundierte Problemanalysen, klare Argumentationen und überzeugende Lösungsvorschläge wichtige Mittel, um Kompetenzpunkte beim Publikum zu gewinnen.

Entscheidend für die spätere Wahl sind also die Person und der Inhalt. Aber nicht immer gewinnt das beste Programm oder der sympathischste Kandidat. Gute Chancen haben nämlich auch Kandidaten, die sich im Vorfeld der Wahlen mit einzelnen einflussreichen Personen oder mit Personengruppen abgesprochen haben. Die hier verabredeten Tauschgeschäfte müssen nicht zwingend durch Sympathie oder gute Inhalte entschieden werden, sondern bieten Raum für vielfältige Gegenwerte und Argumentationen. Auch dieses „Mauscheln" sollte man, gerade in kleinen Gruppen, im Blick haben.

Podiumsdiskussionen   2.5.3

Auf ein Podium wird man eingeladen als Vertreter einer bestimmten Gruppe oder bekannter Verfechter einer Position. Über diese zugeschriebene Positionierung sollten Sie sich im Klaren sein, denn sie gibt Hinweise darauf, was die Veranstalter von Ihnen auf dem Podium erwarten. Ob Sie diese Erwartungen erfüllen wollen, ist dann eine zweite Entscheidung.

Überlegen Sie sich eine klare Zielsetzung für Ihren Auftritt: Was wollen Sie eigentlich erreichen? Geht es Ihnen darum, als unabhängiger Experte Fachwissen einzubringen und Ihre Kompetenz in diesem Bereich unter Beweis zu stellen? Wollen Sie als leidenschaftlicher Parteigänger für eine bestimmte Position überzeugen? Wollen Sie das Publikum zu Handlungen animieren oder geht es lediglich darum, erste Denkprozesse anzuregen? Sie sollten sich in diesem Zusammenhang auch überlegen, an wen sich die Rede eigentlich richtet. Die Mitdiskutanten werden in der Regel nicht die Adressaten ihrer Überzeugungsversuche sein (es sei denn Sie haben ein besonderes Interesse an der Meinung eines einzelnen Podiumsmitgliedes). Meistens sind es das Publikum oder einzelne Gruppen oder Personen im Publikum, die Sie mit Ihrer Rede überzeugen wollen. Wenn die Diskussion im Radio oder Fernsehen übertragen wird, kann es sogar sein, dass Ihre Zielgruppe gar nicht vor Ort anwesend ist, sondern Ihre Äußerungen zu Hause verfolgt. Je klarer Sie Ihr Überzeugungsziel vor Augen haben, desto genauer können Sie Ihre Rede auf dieses Ziel abstimmen.

Sie sollten im Vorfeld vom Veranstalter nicht nur das Thema und die zur Diskussion stehenden Fragen, sondern auch die Mitdiskutanten in Erfahrung bringen, damit Sie sich auf die Positionen ihrer „Gegner" oder möglichen Unterstützer vorbereiten können. Was haben diese in der Vergangenheit zu diesem Thema oder in ähnlichen Fällen gesagt? Welche Entscheidungen haben sie mit getroffen oder zu verantworten? Je mehr argumentative Munition Sie im Vorfeld gewinnen können, desto leichter können Sie in der Diskussion passend agieren und reagieren.

Auch die Fragen der Diskussion vorher zu kennen, hilft natürlich dabei, die eigene Position vorzubereiten. Falls Sie die Fragen vom Veranstalter nicht in Erfahrung bringen können, überlegen Sie sich, welche Fragen Sie zum Thema an diese Runde stellen würden und überlegen Sie sich Ihre jeweilige Position dazu. In der Diskussion sollen Sie aber nicht nur Position beziehen, sondern auch stichhaltige Argumente für Ihre Sache anführen. Recherchieren Sie also Daten und Fakten, die Ihre Position stützen und überlegen Sie, welche weiteren Gründe es gibt, Ihre Aussagen für plausibel zu halten. Denken Sie daran, dass Sie dabei das Publikum im Blick haben und aus seiner Sicht argumentieren. Falls es möglich ist, sollten Sie auch Informationen über die Zusammensetzung des Publikums nutzen, um schon im Vorfeld

Ihre Argumentation auf Ihre Zuhörer abzustimmen. Setzen Sie Prioritäten bei den Inhalten und Botschaften, die Sie vermitteln möchten: Welche Aussagen müssen unbedingt Ihre Zuschauer erreichen und bei welchen könnten Sie es verschmerzen, wenn Sie ungesagt bleiben? Haben Sie diese Prioritäten während der Diskussion immer im Hinterkopf (ggf. auch als Stichworte auf einem kleinen Zettel notiert) und versuchen Sie der Reihe nach zumindest Ihre obersten Prioritäten abzuhaken.

In den meisten Fällen werden Podiumsdiskussionen von Moderatoren geleitet. Diese sollen als unabhängige Gesprächsleiter dafür sorgen, dass das Gespräch Struktur behält und die Redezeiten sich bei allen Podiumsteilnehmern in etwa die Waage halten. Der Moderator vergibt durch Fragen oder andere Aufforderungen zu sprechen die Rederechte und unterbricht bei zu ausufernden Reden. Sie können beim Gesprächsleiter durch Blickkontakt, Handzeichen oder leise Hinweise diskret darum bitten, möglichst bald das Rederecht zu bekommen. Oder aber Sie versuchen, durch hörbare Einwürfe und wiederholte Einmischungen das Rederecht außerhalb der Reihe zu erlangen.

Wenn Ihnen das Rederecht erteilt wurde, dann sollten Sie sich redlich bemühen, die Frage zu beantworten oder den Denkanstoß aufzunehmen. Wenn Sie zu einem anderen, für Sie wichtigen Punkt etwas sagen möchten, sollten Sie trotzdem die Frage beantworten und im Anschluss dann (möglichst mit einer plausiblen Überleitung) auf Ihren Punkt eingehen. Damit Sie Ihre Antwortzeit komplett für sich nutzen können ohne unterbrochen zu werden, ist es hilfreich, eine kurze Gliederung von zwei bis drei Punkten in den Raum zu stellen und diese dann der Reihe nach abzuarbeiten. Mit dieser Methode kann man auch versuchen, die eigene Redezeit in kleinem Rahmen auszudehnen. Dazu müssen Sie insistieren, die eigenen angekündigten Ausführungen beenden zu dürfen.

Sollten Sie in der Diskussion direkt angegriffen werden, so sollten Sie keinen Angriff auf die eigene Person oder die Position unbeantwortet stehen lassen, sondern stets auf Entkräftigung drängen. Je härter dabei der Angriff, desto unmittelbarer und energischer muss er auch beantwortet werden.

Festlich reden! Besondere Anlässe   2.6

Anlässlich aller bisherigen Redeanlässe, die in diesem Buch beschrieben wurden, wurde eine klare Zielsetzung verfolgt: Sie wollten Ihr Gegenüber von etwas überzeugen. Sei es, dass Sie in einer Präsentation ein Thema überzeugend darstellen wollten oder bei einem Vorstellungsgespräch Ihr Gegenüber davon überzeugen wollten, dass man Ihnen die Stelle gibt oder dass Sie in einer Prüfung von Ihrer Leistung überzeugen wollten, um von Ihrem Prüfer eine gute Note zu erhalten. Was aber, wenn Sie eine Dankesrede halten sollen oder eine Rede zu einem gesellschaftlichem Anlass, wie zum Beispiel anlässlich der Geburtstagsfeier eines lieben Verwandten? Die klare Antwort: Auch hier müssen Sie als oberste Zielsetzung Ihrer Rede bedenken, wen Sie von was überzeugen wollen. Nun muss man aber zugeben, dass das Ziel der Überzeugung bei einer primär unterhaltenden Rede vielleicht nicht gleich ins Auge springt.

Nehmen wir als Beispiel eine Situation, die im Laufe eines Studiums früher oder später auf Sie zukommen kann. Stellen Sie sich vor, ein guter Freund von Ihnen hat sein Studium oder eine für ihn besonders wichtige Prüfung erfolgreich bestanden. Nun lädt er zu einem gemeinsamen Essen ein, um eben dieses Ereignis ausgiebig zu feiern. Da es ein guter Freund von Ihnen ist, erwartet man vielleicht, dass Sie ein paar Worte an den Feiernden richten. Was sollte nun Ihre kurze Rede beinhalten? Die inhaltliche Aufgabe einer jeden Rede ist es, zu informieren (lat. docere), zu bewegen (movere) und zu unterhalten (delectare). Interessant ist es, wie man diesen Dreiklang gewichtet. In einem Fachvortrag, einer Präsentation oder Referat werden Sie das Informieren stärker gewichten und den Unterhaltungsfaktor nur gemäßigt einsetzten. Bei einer Gesellschaftsrede ist das Verhältnis praktisch umgedreht. So werden Sie wenig Neues, zum Beispiel an Fakten über Ihren Freund, in Ihrer Rede haben, dafür aber großen Wert auf den Unterhaltungsaspekt legen. Bewegen sollen alle Redearten. Der Fachvortrag wird zum Ziel haben, dass man Ihren Ausführungen Glauben schenken mag und Sie als glaubwürdigen

Redner einschätzen soll. Eine Gesellschaftsrede soll auch zur Überzeugung in mindestens zwei Aspekten führen. Zum einen soll der Gelobte, in unserem Beispiel Ihr Kommilitone, in einem besonders guten Licht dastehen und zum anderen sollen Sie als Redner einen guten Eindruck hinterlassen.

Gerade der zweite Aspekt wird deutlicher, wenn man die Gesellschaftsrede auf den privaten Bereich überträgt. Stellen Sie sich vor, Sie sollen auf dem achtzigsten Geburtstag Ihrer sehr vermögenden Tante eine Rede halten. Es ist sicher nicht unvorteilhaft für Sie, wenn die Tante Sie in einer guten Erinnerung behält und Ihre Familie Sie als sympathischen Redner wahrnimmt. Aber auch im Studium kann eine solche Situation vorkommen, in der Sie eine offensichtliche Aufgabe mit Ihrer Rede erfüllen sollen aber gleichzeitig eine zweite, verdeckte und für Sie wichtige Zielsetzung verfolgen. Stellen Sie sich vor, Sie sollen eine Begrüßungsrede als studentischer Vertreter auf einem von Ihrer Hochschule veranstalteten Unternehmenskongress halten. Natürlich haben Sie offensichtlich die Aufgabe, die anwesenden Firmenvertreter zu begrüßen. Für Sie selbst ist es aber wichtig, dabei möglichst gut zu wirken, da Sie so vielleicht später in guter Erinnerung bei dem einen oder andern Personalverantwortlichen bleiben können. So manch ein Absolvent hat sich durch einen solchen souveränen Auftritt seinen Einstieg ins Berufsleben erleichtert.

Für die Erstellung einer solchen primär unterhaltenden Rede sollten Sie einige Besonderheiten beachten. Zum einen benötigen Sie kaum neue Informationen. Viel wichtiger ist, dass Sie Informationen liefern können, denen die Anwesenden zustimmen können. So ist die Erinnerung an gemeinsame Aktivitäten im Studium ein willkommener Aspekt in der Lobrede an den Freund. Wenn Sie hingegen auf dem Unternehmenskongress die Wichtigkeit einer solchen Veranstaltung unterstreichen, werden Sie vermutlich viel Zustimmung bekommen.

Zum anderen dürfen Sie hier mehr mit rhetorischer Kunst glänzen. Wenn in einem spröden Referat rhetorische Stilfiguren meist dem nüchternen Inhalt weichen müssen, ist die Gesellschaftsrede ein Moment, in dem Sie Ihre ganze rednerische Kraft, natürlich immer im angemessenen Rahmen, entfalten dürfen.

Schnelle Redestrukturen für unterhaltende Reden   2.6.1

Die grundlegendste Redestruktur besteht aus einem Einleitungsteil, einem Hauptteil und einem Schlussteil, wie Sie dies bereits von den anderen Redearten her kennen. Wenn Sie eine Gesellschaftsrede erstellen, folgen Sie wieder diesem bekannten Muster. Bei einer Gesellschaftsrede können Sie bestimmte Varianten dieser drei Bereiche einsetzen, die sonst weniger passend sind.

Diese Grundstrukturen sollten Sie am besten auswendig beherrschen. Wenn Sie eine gute Grundstruktur in Ihrer Rede haben, können Sie dann auch spontan eine gute Rede zu fast jedem Thema halten. Also wenn Sie beim Festessen vom Geburtstag Ihrer Oma aufgefordert werden, spontan einen Toast, also eine kleine Lobrede auf Ihre Oma, zu halten, dann nehmen Sie gedanklich Ihre gewünschte Struktur und füllen Sie mit den Aspekten die Ihnen zur Person Ihrer Oma einfallen. Mit ein wenig Übung werden Sie überrascht sein, wie schnell Sie eine bündige drei- bis fünfminütige Rede entwickeln können. Auch hier gilt natürlich: Übung macht den Meister!

Varianten für den Einstieg:

Nehmen wir wieder das Beispiel von Ihrem Kommilitonen, auf den Sie eine Lobrede halten wollen. Sie können nun in die Rede einsteigen, indem Sie:

- Bezug auf die Situation nehmen: „Wir sind heute hier an diesem Ort XY zusammengekommen, um mit XY zu feiern..."
- Bezug auf die Örtlichkeit nehmen: „Wir treffen uns hier an jenem Ort, an dem vor XY Jahren – passiert ist."
- Bezug nehmen auf die Redesituation: „Ich freue mich, heute hier sprechen zu können, weil..."
- Bezug nehmen auf aktuelle Geschehnisse (neben dem eigentlichen Grund des Treffens): „Immer mehr Menschen brechen heutzutage ihr Studium ab ..."

- Bezug auf eigene persönliche Erlebnisse auf dem Weg zur Rede selbst: „Als ich gefragt wurde, ob ich ein paar Worte sagen könnte, ..." / „Heute Morgen als ich ..."
- Bezug nehmen auf ein gemeinsames Erlebnis: „Vor einigen Jahren bin ich mit XY ..."
- Sie können auch einen Witz oder eine lustige Begebenheit an den Anfang der Rede stellen.

Denken Sie aber daran: Eine Einleitung, die für jede Rede passt – passt bei keiner Rede! Wählen Sie immer einen situativ passenden Einstieg und vor allem nehmen Sie die hier vorgegebenen Beispielformulierungen nur als Anregung. Sie müssen die Rede in Ihrem eigenen Sprachstil formulieren und vortragen. Nur so können sie sicher sein, dass die Rede nicht gestelzt, unecht und unaufrichtig klingt.

Wenn Sie eine sehr persönliche Rede halten möchten, weil die Person, über die Sie reden Ihnen sehr am Herzen liegt, achten Sie darauf, dass Sie gerade weil Sie selbst emotional bewegt sind, Sie Ihren Zuhörern die Chance geben sollten, diese Emotionen auch aufzubauen. Vielleicht haben Ihre Zuhörer gerade über das baldige Essen gesprochen oder über die Weltwirtschaftslage oder sind gerade von der Toilette zurückgekommen. Für Ihre Rede bedeutet dies, dass Sie immer mit möglichst wenig gefühlsbeladenen Themen und Aspekten beginnen und dann langsam die emotionale Intensität erst zum Schluss der Rede hin steigern. Fangen Sie daher Ihre Rede nie mit einem emotionalen Schocker an – Emotionen müssen vom Redner beim Publikum erst erweckt werden. Sie wissen eben nicht, in welcher emotionalen Ausgangslage Ihre Zuhörer sind.

Drei beispielhafte Strukturen für den Hauptteil:

Chronologische Ordnung:

Dies ist die wohl am häufigsten verwendete Gliederungsvariante bei Lobreden. Die Grundstruktur ist dabei immer: Vergangenheit, Gegenwart und Zukunft. So würden Sie bei der Lobesrede für Ihre

Oma beispielsweise mit deren Geburt beginnen, dann Ihren Lebensweg kurz skizzieren, dann würden Sie die jetzige Lebenssituation in positivem Licht schildern und zum Schluss ein Bild über die Zukunft und den damit verbunden guten Wünschen verbinden. Wenn Sie die einzelnen Abschnitte sprachlich mit Anekdoten, spaßigen Geschehnissen oder besonderen Begebenheiten ausschmücken, wird dies sicher eine schöne Würdigung der zu lobenden Person werden. Charmanter Vorteil bei dieser Vorgehensweise ist es, dass Sie damit eigentlich alle anwesenden Personen mit einbinden können, denn irgendwann sind diese ja auf den zu Feiernden getroffen.

Blickpunkte wechseln:

Eine andere bewährte Variante, die Rede zu strukturieren ist, die zu lobende Person aus verschiedenen Blickwinkeln zu betrachten. So kann man zum Beispiel die Perspektive der einzelnen Personen einnehmen und die zu lobende Person von deren Blickwinkel beschreiben. Besonders gut funktioniert dies, wenn die einzelnen Personen bestimmten Gruppen zuzuordnen sind. Also wie ist die Person, die es zu loben gilt aus Sicht der Arbeitskollegen, der Eltern, der Geschwister, der Kinder und so weiter. Sie können dabei die Spannung in der Rede steigern, indem Sie die Reihenfolge der eingenommenen Blickwinkel von eher entfernten Bekannten hin zu den engsten Familienmitgliedern strukturieren. Letzter genannter Blickwinkel sollte Ihr eigener sein. Dann können Sie etwas persönlicher Ihren eigenen Blickwinkel auf die Person richten.

Gesamt zu Detail:

Eine Variante die sich nicht immer anbietet, aber auch sinnvoll einsetzbar ist, ist, den Hauptteil der Rede bei einer allgemeinen Betrachtung beginnen zu lassen und hin zum spezifischen Detail zu entwickeln. So kann man generell vom Studium sprechen und dann als nächstes auf die jeweilige Person zu sprechen kommen. Dies kann man für jeden Aspekt wiederholen. Also immer erst den großen abstrakten Sinnzusammenhang erläutern und dann auf die jeweilige Situation verweisen.

Schluss

Bei einer Rede zu einem gesellschaftlichen Anlass können Sie die Zusammenfassung am Ende der Rede in der Regel weglassen. Wenn Sie nun am Ende Ihrer Rede auch den Höhepunkt der emotionalen „Aufgeladenheit" der Rede erreicht haben, ist es wichtig, das Publikum wieder in eine positive Grundstimmung zu bringen. Klassischer Weise bietet sich ein Aufruf am Ende der Rede an, der die Zuhörer dazu bewegen soll, etwas zu unternehmen. So können Sie zum Beispiel dazu aufrufen, jetzt das Glas zu erheben und auf den zu Feiernden anzustoßen oder den Kongress, die Tagung oder das Fest zu genießen oder sich das Essen schmecken zu lassen oder Sie eröffnen mit Ihren Worten feierlich das Buffet (vorausgesetzt, Sie sind vom Gastgeber oder einer zuständigen Person dazu befugt!).

Stofffindung für Gesellschaftsreden   2.6.2

Eine gewisse Herausforderung ist es, für festliche Lob- oder Dankesreden die passenden Inhalte zu finden. Diese Problematik kennt die Rhetorik schon seit mehr als 2000 Jahren. In diesem Zusammenhang sind umfangreiche Sammlungen über gedankliche Fundstätten möglicher Inhalte entstanden. Benutzen Sie die folgenden Auflistungen wie einen Steinbruch, aus dem Sie viel unnützes Geröll, aber auch ein paar wertvolle Edelsteine fördern können. Lassen Sie sich von den Aspekten inspirieren, wägen Sie ab, ob der Aspekt für Ihre Rede sinnvoll, zielführend und unterhaltsam ist und scheuen Sie sich nicht, viele der Aspekte auch wieder zu verwerfen. Entwickeln Sie eigene Listen mit relevanten Argumentations- oder Lobfeldern, aus denen Sie dann schöpfen können.

Betrachten Sie die zu lobende Person mit Fokus auf gemeinsame Erlebnisse oder vergnüglichen Beispielen aus der Vergangenheit nach folgenden Aspekten:

- Herkunft
- Heimat
- Vorfahren (Großeltern oder Urahnen)
- Eltern
- Geschwister
- Kinder, Enkel
- Verwandte
- Erziehung
- Schulbildung / Schulfreunde
- Gewohnheiten
- Erlernte Fähigkeiten
- Körperliche Fähigkeiten (Schönheit / Stärke)
- Soziale Stellung (Beruf, Karriere, positiver finanzieller Status)
- Talente
- Erreichte Ziele (in Studium, Beruf, Familie)
- Gesellschaftliche Gruppen, wie Vereinsmitgliedschaften
- Freizeitaktivitäten
- Freunde

Auch möglich, aber mit mehr Vorsicht abzuwägen, ob der Inhalt für die Rede angemessen ist:
- Religiöse Zugehörigkeit
- Politische Orientierung (z.B. Parteimitglied)
- Misserfolge, Schicksalsschläge
- Gesundheit

Überlegen Sie bei der Auswahl immer, ob Sie sich freuen würden, wenn man Ihnen diese Rede vortrüge. Versetzen Sie sich in die Lage des zu Feiernden und versuchen Sie sich vorzustellen, ob dieser sich an den Inhalten erfreut.

Ein Wort zum Humor –Witziges und Witze in Reden   2.6.3

Über Humor ist schon viel geschrieben worden und nur weniges davon ist humorvoll oder geistreich. Das erstaunliche Phänomen, das sich dabei zeigt ist, dass sobald man über humorvolle Dinge spricht oder gar schreibt, dies partout nicht mehr lustig ist. Betrachtet man den Witz an sich, so wird man zwei Besonderheiten, die sich bei allem was man als humorvoll und lustig bezeichnet, entdecken. Zum einen hat jeder Mensch einen eigenen Sinn für Humor und Sie werden nur schwer zwei Menschen finden, die über alles gleich lachen können. Zudem gibt es sehr feine Unterschiede und Abstufungen im Humorvollen. So amüsieren sich manche Menschen köstlich über spitzfindige Wortspielereien, andere brauchen für den gleichen Unterhaltungswert schon handfeste und derbe Witze aus der Kategorie der „unteren Schublade". Universelle Regeln, die für alle möglichen Fälle gelten könnten, sind von daher kaum möglich. Eine generelle Beobachtung kann man aber meist erkennen und dies ist die zweite Besonderheit am Humorvollen. Ein Witz wirkt, weil er mit dem Überraschenden und Unerwarteten spielt. Die Geschichte, die im Witz erzählt wird, versucht eine bestimmte Erwartungshaltung aufzubauen. Dieses Bild, das sich in Ihrer Vorstellung gebildet hat, wird dann durch die überraschend gegenläufige Pointe des Witzes schlagartig zerstört. Dieses „Nicht-Zusammenpassen" entlädt sich dann in der befreienden Aktion des Lachens.

Letztendlich müssen Sie Ihren ganz eigenen Humor-Stil finden. Beobachten Sie für die nächste Zeit etwas aufmerksamer, was Sie zum Schmunzeln oder gar zum Lachen bringt. Versuchen Sie in kleinem Freundeskreis einen Witz oder eine kurze Anekdote zu erzählen. Beobachten Sie im Fernsehen Menschen, deren Profession es ist, andere zu unterhalten, also Menschen wie zum Beispiel Harald Schmidt oder Jürgen von der Lippe. Versuchen Sie zu verstehen, warum es lustig ist, wenn diese Menschen etwas vortragen. Erst wenn Sie es schaffen, im kleinen, vertrauten Kreis Menschen zum Lachen zu bringen, sollten Sie versuchen, Lustiges oder gar Witze in Ihre Rede einzubauen.

Wenn Sie einen Witz erzählen, achten Sie auf zwei grundsätzliche Vortragsregeln. Zum einen sollten Sie den Witz eher ernst und neutral vortragen. Ein Vortragender, der mehr lacht als seine Zuhörer, hat durchaus etwas falsch gemacht. Zum anderen denken Sie daran, die Pointe mit einer kleinen Sprechpause von der einleitenden Erzählung abzuheben, damit die Zuhörer diese überraschende Wendung in Ihrer Erzählung nicht überhören.

Eine Rede wird nicht unbedingt besser, nur weil man eine Zote nach der nächsten reißt. Sollten Sie nicht zu den Frohnaturen gehören, die durchaus eine Karriere als Komödiant hätten anstreben können, versuchen Sie nicht, zwanghaft lustig zu sein. Seien Sie möglichst Sie selbst, tragen Sie spannend vor, orientieren Sie sich an Ihrem Publikum und Ihre Rede wird gut werden. Auch ohne brüllendes Lachen.

Zitate: Wie sie verwendet und vorgetragen werden   2.6.4

Bei kaum einer Gesellschaftsrede verzichtet man auf Zitate berühmter Menschen. Ein gutes Zitat, das passend für den Inhalt der Rede ist, kann dabei tatsächlich den Redner glänzen lassen. Wenn Sie ein Zitat vortragen, nennen Sie vor oder direkt nach dem Zitat den Urheber der Aussage. Sie können das Zitat auch direkt von Ihren Notizen vorlesen, um deutlich sichtbar zu machen, dass die jetzt gesprochenen Worte nicht von Ihnen stammen.

Leider werden Zitate zum Teil missbräuchlich eingesetzt. Gerade unerfahrene Redner verfahren scheinbar gerne nach dem Grundsatz „viel hilft viel" und reihen in loser Reihenfolge und schier unüberschaubaren Menge ein Zitat an das andere. Versuchen Sie dies zu vermeiden und nehmen Sie sich am besten ein oder zwei wirklich gute Zitate und binden Sie diese in Ihre Rede ein. Sie können dies gut machen, indem Sie dieses Zitat von verschiedenen Aspekten aus betrachten und jeweils seine Bedeutung für Ihren Redeanlass herausstellen.

Eine sehr gute Übung dazu ist die schon seit der Antike benutzte Chrie-Übung. Eine Chrie (griechisch für „Nützliches") ist die Schilderung eines kurzen pointierten Geschehnisses, das mit einer bekannten, vorbildlichen Persönlichkeit verbunden ist. Dabei wird normalerweise eine besonders schlagfertige Bemerkung oder eine bemerkenswerte Tat als Reaktion auf einen Anlass oder ein Frage dargestellt. So schmetterte die erste Frau im Britischen Parlament, Lady Nancy Astor, dem damaligen Premierminister von Großbritannien, Winston Churchill entnervt entgegen: „Wenn ich ihre Frau wäre, würde ich Gift in ihren Tee mischen." und dieser daraufhin trocken erwiderte: „Wenn sie meine Frau wären, würde ich ihn trinken." Nutzen Sie dieses oder ein anderes Zitat, um Ihre Fähigkeiten mit der Chrie-Übung zu verbessern.

Die Chrie-Übung folgt einem eindeutigen, vorgegebenen Schema und erlaubt, das Zitat aus verschiedenen Blickwinkeln zu betrachten. Ziel dabei ist es, die einzelnen Schritte so elegant sprachlich zu verbinden, dass für den Zuhörer dies wie eine einzige zusammenhängende Erzählung klingt.

Folgende Punkte gehen Sie bei Chrie-Übung Schritt für Schritt durch:

1. Lobende Vorstellung des Autors (Autor)
2. Nennung des Zitates oder des denkwürdigen Geschehnisses (Zitat)
3. Aufzeigen eines Grundes, warum die Bemerkung oder die Geschehnisse denkwürdig sind (Warum)
4. Deutung des Beispiels bei gegenteiliger Aussage oder Nennung und Entkräftung eines Gegenarguments oder Beispiels (Gegenteil)
5. Darstellung eines Vergleichs (Vergleich)
6. Nennung eines weiteren Beispiels für die Hauptaussage der Chrie (Beispiel)
7. Untermauerung der dargestellten Meinung durch die Aussage einer anderen Persönlichkeit (Untermauerung)
8. Kurze Zusammenfassung (Zusammenfassung)

Eine ausgearbeitete Chrie-Übung finden Sie im Buch „Trainingsbuch Rhetorik" (S. 38ff.).

| Glänzen mit Worten: Ein paar rhetorische Figuren | 2.6.5 |

Bei einer Festrede darf der Redner mit seiner Rede glänzen. Eine Rede zu schmücken bedeutet, diese sprachlich feiner zu gestalten, als man dies in alltäglicher Umgangssprache wohl machen würde. Rhetorische Mittel dazu sind die so genannten rhetorischen Wort- und Stilfiguren. Sie können ganze Bücher und Lexika mit Figurensammlungen in der einschlägigen Literatur finden. Hier nur eine kleine Auswahl an Figuren, die Sie leicht anwenden können und aus Ihrem Deutschunterricht noch nicht kennen oder diese wieder in Erinnerung rufen sollten. Falls Sie Freude an solchen sprachlichen Feinheiten finden, können und sollten Sie diese Liste für sich erweitern.

Anapher und Parallelismus – „Schönheit durch Gleichheit"

Damit ist gemeint, dass sie benachbarte Sätze immer mit den gleichen Worten beginnen lassen. Im Deutschunterricht wurde Ihnen eine solche Art der Formulierung sicher als Fehler angestrichen. In wohldosiertem Maße eingesetzt, kann es aber zu einer schönen Rhythmisierung der Struktur Ihres Vortrags führen.

„Manch einer sagt zu (1) ... – ich aber sage dazu ... / Manch einer sagt zu (2) ... – ich aber sage dazu ..."

Rhetorische Frage – „Die Frage ohne Antwort"

Damit ist gemeint, dass Sie eine Frage stellen, auf die Sie keine Antwort erwarten, da Sie diese Antwort selbst sofort im Anschluss geben oder scheinbar unbeantwortet lassen. Rhetorische Fragen sollen das Publikum dazu anhalten, in der von Ihnen gewünschten Richtung mitzudenken und das Publikum zu nachhaltiger Zustimmung zu bewegen. Beim Vortrag achten Sie darauf, dass Sie bei der Frage auf keinen Fall eine Antwort aus dem Publikum erhalten wollen. Machen Sie deswegen nach der Frage keine allzu lange sprachliche Pause, sondern beantworten Sie möglichst zügig die von Ihnen gestellte Frage.

„Sollte man dies so machen? Ja. Dies sollten wir so machen!"

Präteritio – „Sagen, dass man es nicht sagt und es damit sagen."

Eine sehr spannende rhetorische Figur ist die Präteritio. Dabei wird sprachlich zum Ausdruck gebracht, dass man etwas nicht sagen will, es aber gerade durch diesen Hinweis erwähnt hat.

„Ich will jetzt nicht davon sprechen, dass unser Jubilar ein liebenswerter Familienvater und verlässlicher Freund ist, sondern vielmehr mein Augenmerk darauf richten, was er für unsere Gemeinde bedeutet."

Geschickt eingesetzt, kann man so vieles in einer Rede beim Namen nennen, ohne es eigentlich gesagt zu haben. Man hat ja immer darauf hingewiesen, dass man dies jetzt eben nicht tun wird.

Hendiadyoin – „Doppelt gesagt wirkt stärker"

Aus dem griechischen „hen dia dyoin", „eins durch zwei" zusammengesetzt, ist damit eine sprachliche Form gemeint, bei der eine Aussage durch zwei in ihrer Bedeutung gleichartigen Wörter ausgedrückt wird. Auch dies ist eine Art der Formulierung, die Ihr Deutschlehrer vermutlich in einem Text als Dopplung angestrichen hätte. In einer Rede können Sie damit aber einen Aspekt sprachlich unterstreichen und betonen.

„Anmut und Grazie in einer Person, unsere Christa."; „Nie und nimmer werde ich..."; „Einzig und allein dieser Umstand hat ..."

Schlusswort

Wenn Sie das Buch bis hierhin durchgearbeitet haben, haben Sie viele wichtige Eigenschaften für ein erfolgreiches Studium unter Beweis gestellt: Wissensdurst, Ausdauer und ein gesundes Interesse an der Kunst der Rhetorik. Eine wichtige Erkenntnis, die Sie gewonnen haben dürften, ist die Vielfältigkeit, mit der Ihnen die Rhetorik im Studium immer wieder begegnet. Nutzen Sie das Studium vor allem, um Ihre Fähigkeiten immer wieder herauszufordern und zu vervollkommnen! Das Studium bietet Ihnen die Vielfalt, die Rückmeldung und vor allem den (weitgehend) geschützten Raum, in dem Sie sich ausprobieren können, ohne besondere Konsequenzen fürchten zu müssen. Wenn wir Ihr Interesse an der Kunst der Rhetorik geweckt haben sollten, möchten wir Sie auffordern, auf eigene Faust weiter zu forschen und immer neue Entdeckungen im Reich der Beredsamkeit zu machen! Nutzen Sie die Literatur im Anhang als Ausgangspunkt und versuchen Sie, die Hinweise und Tipps in der Praxis auszuprobieren und sich zu Eigen zu machen. Ohne die Anwendung ist die Rhetorik eine tote Wissenschaft. Wenn Sie rhetorisch handeln, werden Sie sehen, dass am Ende der verdiente Lohn steht: der Abschluss, die Anerkennung, das Wissen!

Andersen, Øivind: Im Garten der Rhetorik. Die Kunst der Rede in der Antike. Darmstadt 2001. *Sehr gut lesbarer Einstieg in die Systematik der Rhetorik.*

Atkinson, Cliff: Erzählen statt aufzählen: Neue Wege zur erfolgreichen PowerPoint-Präsentation. Microsoft Press Deutschland, Unterschleißheim 2005. *Guter Einstieg für das Erstellen von Präsentationen mit PowerPoint oder ähnlichen Präsentationsprogrammen.*

Bartsch, Tim-C./Hoppmann, Michael/Rex, Bernd: Was ist Debatte? Ein internationaler Überblick. Göttingen 2005. *Für alle, die sich mit den Möglichkeiten des Debattierens auseinandersetzen möchten, bietet der Überblick neben Hintergrundtexten vor allem eine Vielzahl von Debattierregeln, mit denen praktisches Training sehr gut gelingen kann.*

Bartsch, Tim-C./Hoppmann, Michael/Rex, Bernd/Vergeest, Markus: Trainingsbuch der Rhetorik. Paderborn 2005. *Ein Handbuch aus der Praxis für alle, die nicht nur Tipps, sondern auch konkrete Übungen suchen. Wenn Sie sich fragen, wie Sie ein besserer Redner werden können, dann ist dieses Buch eine Antwort darauf.*

Berendt, Brigitte (Hrsg.): Neues Handbuch Hochschullehre: Lehren und Lernen effizient gestalten. Berlin (Loseblattsammlung). *Sehr umfangreiche und lehrreiche Sammlung von Lerntechniken und Lehrmethoden. Auch für die Gestaltung eigener Seminarstunden geeignet.*

Esselborn-Krumbiegel, Helga: Von der Idee zum Text. Eine Anleitung zum wissenschaftlichen Schreiben. 2. Aufl., Paderborn 2004. *Das Buch bietet eine gute Anleitung für das Verfassen von größeren Hausarbeiten oder Abschlussarbeiten. Sehr motivierend geschrieben.*

Hägg, Göran: Die Kunst überzeugend zu reden. 44 kleine Lektionen in praktischer Rhetorik. München 2003. *Wertvolle praktische Tipps und Tricks zur Rhetorik unter Berücksichtigung der klassischen Theorie für kleines Geld, zudem sehr unterhaltsam und anschaulich.*

Hertlein, Margit: Präsentieren – vom Text zum Bild. Rowohlt, Hamburg 2003. *Eines der besten Bücher zum Thema „Text zu Bild". Dabei wird auf jede Art der Visualisierung eingegangen, z.B. auch mit Flip Chart oder an der Tafel.*

Hoppmann, Michael/Rex, Bernd/Bartsch, Tim-C.: Handbuch der Offenen Parlamentarischen Debatte. 4. Aufl., Göttingen 2006. *Alles rund um das in Deutschland beliebteste Debattierformat. Von den Regeln, über Redetipps bis zur Frage des Feedbacks und der Bewertung von Reden finden Sie alles im OPD-Handbuch.*

Kolmer, Lothar/Rob-Santer, Carmen: Geschichte schreiben. Von der Seminar zur Doktorarbeit. Paderborn 2006. *Zwar für Historiker geschrieben, doch sehr übersichtlich und gut aufbereitet auch hilfreich für alle geisteswissenschaftlichen Studenten.*

Kolmer, Lothar/Rob-Santer, Carmen: Studienbuch Rhetorik. Paderborn 2002. *Praxisorientiertes Lehrbuch über die Grundlagen der rhetorischen Theorie mit besonderem Schwerpunkt auf Argumentation und Stilfigurenlehre.*

Lange, Barbara: Jurastudium erfolgreich: Planung, Lernstrategie, Zeitmanagement. 4. Aufl., Köln/Berlin/München 2005. *Das Buch richtet sich zwar in erster Linie an Jurastudenten, enthält aber auch viele wichtige Hinweise zur grundsätzlichen Organisation des eigenen Studiums, wie z.B. zum Umgang mit Lerngruppen oder zur Selbstorganisation.*

Schiecke, Dieter; Becker, Tom; Walter, Susanne: Microsoft Office PowerPoint: Das Ideenbuch für kreative Präsentationen. Microsoft Press Deutschland, Unterschleißheim 2006. *PowerPoint-Folien müssen weder langweilig noch unübersichtlich sein. Dieses Buch gibt jede Menge Tipps & Tricks, wie man PowerPoint-Folien ansprechender gestalten kann.*

Thomson, Anne: Argumentieren – und wie man es gleich richtig macht. Stuttgart 2001. *Praktisches Lehrbuch, welches anhand von Übungen die eigene Fähigkeit zu analysieren und zu argumentieren schult. Gute Ferienlektüre.*

Ueding, Gert (Hrsg.): Historisches Wörterbuch der Rhetorik. Tübingen seit 1992 (mehrbändig). *Wissenschaftliches Nachschlagewerk für Fachleute. Lohnt sich für die vertiefte Beschäftigung mit besonderen Themen der Rhetorik aus theoretischer Perspektive.*

Ueding, Gert/Steinbrink, Bernd: Grundriß der Rhetorik. Geschichte – Technik – Methode. 4. Aufl., Stuttgart 2005. *Wissenschaftlicher, aber trotzdem gut verständlicher Überblick über die
Geschichte der Rhetorik sowie ihre Systematik. Pflichtlektüre für das
Rhetorikstudium an der Uni Tübingen.*

Wörle-Himmel, Christof: Vereine gründen und erfolgreich führen. Satzung, Versammlung, Haftung, Gemeinnützigkeit. 11.
Aufl., München 2007. *Alle Informationen rund um den Aufbau
von und das Engagement in Vereinen. Ein Muss für alle Vereins-
gründer und Vorstandsmitglieder.*

■ Jussi Baade, Holger Gertel,
Antje Schlottmann
Wissenschaftlich arbeiten
Ein Leitfaden für Studierende der
Geographie
UTB 2630 M
ISBN 978-3-8252-**2630**-5
Haupt. 2005.
236 S., 27 Abb., 13 Tab.,
EUR 18,90, sfr 34,00

■ Tim-Christian Bartsch,
Michael Hoppmann, Bernd F. Rex,
Markus Vergeest
Trainingsbuch Rhetorik
UTB 2689 M
ISBN 978-3-8252-**2689**-3
Schöningh. 2005.
235 S., einige Tab.,
EUR 14,90, sfr 27,90

■ Albrecht Behmel
**Erfolgreich im Studium der
Geisteswissenschaften**
UTB 2660 M
ISBN 978-3-8252-**2660**-2
A. Francke. 2005.
272 S.,
EUR 9,90, sfr 18,90

■ Martha Boeglin
**Wissenschaftlich arbeiten
Schritt für Schritt**
Gelassen und effektiv
studieren
UTB 2927 M
ISBN 978-3-8252-**2927**-6
W. Fink. 2007.
188 S., 28 Abb., teilw. Schaubilder,
13 Tab.,
EUR 12,90, sfr 24,00

■ Martin Burkhardt
Arbeiten im Archiv
Praktischer Leitfaden für Historiker
UTB 2803 S
ISBN 978-3-8252-**2803**-3
Schöningh. 2006.
136 S., 12 Abb., 1 Foto,
EUR 12,90, sfr 24,00

■ Urs Dahinden,
Sabina Sturzenegger,
Alessia C. Neuroni
**Wissenschaftliches Arbeiten
in der Kommunikations-
wissenschaft**
UTB 2787 M
ISBN 978-3-8252-**2787**-6
Haupt. 2006.
201 S., 9 Abb., 46 Tab.,
EUR 18,90, sfr 34,00

■ Claus Ebster, Lieselotte Stalzer
**Wissenschaftliches Arbeiten
für Wirtschafts- und
Sozialwissenschaftler**
UTB 2471 M
ISBN 978-3-8252-**2471**-4
WUV. 3., überarb. Aufl. 2007.
231 S., 54 Abb.,
EUR 17,90, sfr 32,00

■ Umberto Eco
**Wie man eine wissenschaftli-
che Abschlussarbeit schreibt**
Doktor-, Diplom- u. Magisterarbeit
in den Geistes- und Sozialwissen-
schaften.
UTB 1512 S
ISBN 978-3-8252-**1512**-5
C.F.Müller. 12. Aufl. 2007. 287 S.,
EUR 15,90, sfr 29,00

Franz X. Eder, Heinrich Berger,
Julia Casutt-Schneeberger,
Anton Tantner
Geschichte Online
Einführung in das wissenschaft-
liche Arbeiten-
UTB 2822 M
ISBN 978-3-8252-**2822**-4
Böhlau. 2006. 328 S., 80 Abb.,
EUR 19,90, sfr 35,90

Helga Esselborn-Krumbiegel
Von der Idee zum Text
Eine Anleitung zum wissenschaft-
lichen Schreiben
UTB 2334 M
ISBN 978-3-8252-**2334**-2
Schöningh. 3., überarb. Aufl.
2008. 221 S., 42 Abb.,
EUR 11,90, sfr 22,00

Helga Esselborn-Krumbiegel
Leichter lernen
Strategien für Prüfung und
Examen
UTB 2755 M
ISBN 978-3-8252-**2755**-5
Schöningh. 2006.
196 S., 5 Abb., 37 Schaubilder,
10 Fotos, 2 Tab.,
EUR 11,90, sfr 22,00

Norbert Franck, Joachim Stary
**Die Technik wissenschaft-
lichen Arbeitens**
Eine praktische Anleitung
UTB 724 M
ISBN 978-3-8252-**0724**-3
Schöningh. 14., überarb. Aufl.
2007. 307 S., zahlr. Abb.,
EUR 17,90, sfr 32,00

Norbert Franck,
Joachim Stary
Gekonnt visualisieren
Medien wirksam einsetzen
UTB 2818 M
ISBN 978-3-8252-**2818**-7
Schöningh. 2006.
146 S., 71 Abb.,
EUR 14,90, sfr 27,90

Karl-Heinz Göttert
**Kleine Schreibschule für
Studierende**
UTB 2068 S
ISBN 978-3-8252-**2068**-6
W. Fink. 2. Aufl. 2003.
160 S.,
EUR 9,90, sfr 18,90

Randi Gunzenhäuser,
Erika Haas
Promovieren mit Plan
Ihr individueller Weg:
von der Themensuche zum
Doktortitel
UTB 2820 M
ISBN 978-3-8252-**2820**-0
Barbara Budrich.
2., überarb. u. akt. Aufl. 2006.
120 S.,
EUR 12,90, sfr 24,00

Matthias Karmasin,
Rainer Ribing
**Die Gestaltung
wissenschaftlicher Arbeiten**
UTB 2774 M
ISBN 978-3-8252-**2774**-6
WUV. 2. Aufl. 2007.
140 S., div. Abb.,
EUR 9,90, sfr 18,90

Lothar Kolmer,
Carmen Rob-Santer
Studienbuch Rhetorik
Rhesis. Arbeiten zur Rhetorik und
ihrer Geschichte
UTB 2335 M
ISBN 978-3-8252-**2335**-9
Schöningh. 2002.
237 S., 3 Tab.,
EUR 17,90, sfr 32,00

Lothar Kolmer,
Carmen Rob-Santer
Geschichte SCHREIBEN
Von der Seminar- zur Doktorarbeit
UTB 2688 S
ISBN 978-3-8252-**2688**-6
Schöningh. 2006. 179 S.,
EUR 13,90, sfr 25,90

Heike Mayer
Rhetorische Kompetenz
Grundlagen und Anwendung
UTB 8361 L
ISBN 978-3-8252-**8361**-2
Schöningh. 2007. 244 S., kart.,
EUR 19,90, sfr 35,90

Gerd Presler
**Referate schreiben –
Referate halten**
Ein Ratgeber
UTB 2343 S
ISBN 978-3-8252-**2343**-4
W. Fink. 2., durchges. Aufl. 2004.
128 S.,
EUR 9,90, sfr 18,90

Stephan Porombka
Kritiken schreiben
Ein Trainingsbuch
UTB 2776 M
ISBN 978-3-8252-**2776**-0
UVK. 2006. 270 S.,
EUR 17,90, sfr 32,00

Hans-Otto Schenk
Die Examensarbeit
Ein Leitfaden für Wirtschafts-
und Sozialwissenschaftler
UTB 2657 M
ISBN 978-3-8252-**2657**-2
Vandenhoeck & Ruprecht. 2005.
216 S., 41 Übersichten,
EUR 14,90, sfr 27,90

Wolfgang Schmale (Hrsg.)
Schreib-Guide Geschichte
Schritt für Schritt wissenschaftli-
ches Schreiben lernen
UTB 2854 S
ISBN 978-3-8252-**2854**-5
Böhlau. 2006. 195 S., 10 Abb.,
EUR 15,90, sfr 29,00

Johann August Schülein,
Simon Reitze
**Wissenschaftstheorie für
Einsteiger**
UTB 2351 S
ISBN 978-3-8252-**2351**-9
WUV. 2. Aufl. 2005.
278 S.,
EUR 18,90, sfr 34,00

mehr unter www.utb.de